融媒体版

入眼 · 入脑 · 入手 · 易教 · 乐学

学前教育专业（新标准）系列教材

依据《幼儿园教师专业标准（试行）》《中小学和幼儿园教师资格考试标准（试行）》编写

幼儿园教育案例分析

YOU'ERYUAN JIAOYU ANLI FENXI

主　编／鲁世秀

北京师范大学出版集团
BEIJING NORMAL UNIVERSITY PUBLISHING GROUP
北京师范大学出版社

图书在版编目(CIP)数据

幼儿园教育案例分析/鲁世秀主编. —北京：北京师范大学出版社，2019.10(2025.8 重印)

ISBN 978-7-303-25161-2

Ⅰ. ①幼… Ⅱ. ①鲁… Ⅲ. ①学前教育－教案(教育)－幼儿师范学校－教材 Ⅳ. ①G612

中国版本图书馆 CIP 数据核字(2019)第 208577 号

出版发行：北京师范大学出版社 https://www.bnupg.com
北京市西城区新街口外大街 12-3 号
邮政编码：100088
印　　刷：北京同文印刷有限责任公司
经　　销：全国新华书店
开　　本：787 mm×1092 mm　1/16
印　　张：11.75
字　　数：226 千字
版　　次：2019 年 10 月第 1 版
印　　次：2025 年 8 月第 6 次印刷
定　　价：32.00 元

策划编辑：罗佩珍　　责任编辑：周　鹏　王思琪
美术编辑：焦　丽　　装帧设计：焦　丽
责任校对：段立超　陈　民　　责任印制：赵　龙

编委会

前　言

人生百年，立于幼学。党的十八大以来，以习近平同志为核心的党中央高度重视发展学前教育。《中共中央 国务院关于学前教育深化改革规范发展的若干意见》中指出："办好学前教育，实现幼有所育，是党的十九大作出的重大决策部署"，"关系亿万儿童健康成长，关系社会和谐稳定，关系党和国家事业未来"。由此可见学前教育责任之重大、意义之深远。

幼儿园教师是学前教育质量的重要保障。为了适应国家办好安全优质学前教育的政策导向，响应培养"有理想信念、有道德情操、有扎实学识、有仁爱之心"的"四有"好老师的号召，贯彻落实《幼儿园教师专业标准(试行)》提出的"幼儿为本、师德为先、能力为重、终身学习"的基本理念，同时为了有效应对幼儿园教师资格考试的政策变革，满足学前教育专业学生学业深造、就业考编、任职应聘以及专业技能大赛等各项现实需求，针对以上政策文件以及各类考试中均会涉及的理论联系实际能力、反思能力提升等问题，北京师范大学出版社组织大中专学前教育专业的一线教师和学前教育教研员，共同编撰了这本《幼儿园教育案例分析》教材，以帮助学习者提高专业水平，适应工作需要。

编写特点

1. 注重立德树人

本教材以国家相关的法律法规、政策文件以及幼儿园教师资格考试的要求为编写依据，如《中华人民共和国教育法》《中华人民共和国未成年人保护法》《幼儿园工作规程》《幼儿园教育指导纲要(试行)》《3－6 岁儿童学习与发展指南》《幼儿园教师专业标准(试行)》《学前教育类专业技能测试纲要》等。在案例的选取、分析以及思考题的设计上，蕴含了对学生正确的世界观、人生观、价值观以及科学的儿童观、教育观、发展观的培养。

2. 案例充足、翔实

本教材以国家幼儿园教师资格考试的模块内容为主线，内容几乎涵盖了全部的专业理论知识，包括教师的职业素养、教育法律法规和基本原理、幼儿身心发展、幼儿园一日生活活动、幼儿园游戏活动、幼儿园环境创设、幼儿园教育活动等。在整体观照学前教育理论体系框架的前提下，所选案例来自编者多年从事学前教育教学的研究与实践经验、历年国家幼儿园教师资格考试试题、安徽省学前教育专业对口升学考题等，针对性强、实用性高。

3. 分析严谨、周密

本教材将学前教育理论分成若干个项目，再将每一项目切分成若干个任务，每一个任务里都包含有若干个各类考试高频出现的知识点，点面结合，由面切分点，由点观照面，形成一个既相对独立又彼此关联的体系。另外，在对每一案例的具体分析上，本教材不仅给学习者提供了多维分析视角以厘清分析思路，还附有详细的参考答案，使学习者分析思路明晰、口笔作答有料，全面提升案例的分析能力。

4. 直击高频考点

材料分析题(或称“案例分析题”)是学习者与应试者最难把握、失分最多的一个部分，为了让学习者能全面了解学前教育专业的理论知识构架，同时富有针对性地学习和备考，本教材在保有专业理论知识的系统性、逻辑性和完整性的前提下，对考试中高频出现的知识点予以侧重。

本教材由鲁世秀担任主编，王运红、樊玉慧、牛方格担任副主编。

各项目编写人员及分工如下：鲁世秀(项目一)，王运红(项目二、项目三)，樊玉慧、王雅婷(项目四)，王燕(项目五)，方明慧(项目六)，牛方格(项目七)，陶璇(项目八)。全书最终由鲁世秀统稿、定稿。为便于读者更好地理解相关知识点，本教材为部分案例配备了视频，读者可扫描书中二维码观看。方明慧、鲁世秀承担了视频的策划和拍摄指导工作，合肥市大西门幼儿园教育集团的贺沛芬、梁晓燕、余学琴、王桂英、阮琳、范毓伟、郑丹丹、梁继婷、庞志荣、徐冉冉以及合肥市安庆路幼儿园教育集团的蒋小娈、何丽丽、胡佩琳、王晓慧承担了视频的拍摄工作。

本教材能顺利编纂完成，得益于北京师范大学出版社罗佩珍老师悉心、专业的指导，得益于整个编写团队的通力合作，同时得益于我们这本教材所借鉴、引用的所有先前做出成果的同行和专家，在此谨向你们致以崇高的敬意和诚挚的谢意！本教材的出版还得到了北京师范大学出版社的大力支持，在此一并表示衷心感谢！

我们会执着地行走在幼儿教育的探索之路上，欢迎广大读者和专家对本教材提出宝贵的意见和建议。不为别的，只为把更适合的教育奉献给我们的孩子，奉献给我们挚爱的幼儿教育事业。

编　者

目　录

项目一
幼儿园教师的专业理念和职业规范

学习目标

1. 理解国家实施素质教育的基本要求以及幼儿教育作为人生发展的奠基教育的重要性及其特点；掌握在幼儿教育中实施素质教育的途径和方法；能以正确的教育观评析教育现象。

2. 理解“人的全面发展”的思想和“育人为本”的含义；关爱、尊重幼儿，能以科学的儿童发展观和儿童教育观评析教育现象。

3. 了解教师专业发展的要求；具备终身学习的意识；理解教师职业的责任与价值；能以正确的教师观评析教育现象。

4. 了解和掌握幼儿园教师职业道德规范及职业行为规范的主要内容，并能对相应的教育现象正确地进行评判与分析。

问题导入

理念是实践的先导，理念正确，实践才有方向和保障。正确的教育理念是对“教育应然”的理性认识和主观要求，对教育教学实践起着引导和定向的作用。当今社会上普遍存在的诸如“起跑线上的输赢”论、对“快乐教育”和“挫折教育”的误解误用、漠视儿童作为“人”的主体性及个体差异性而一味追求“早学”“快学”“博学”等一系列幼教乱象，以及频频出现的令人发指的虐童事件等，严重违反了教育教学规律和儿童发展规律，给儿童的健康成长造成严重伤害，也给家庭、社会乃至国家和民族带来损害。因此，作为今天的学生、明日的教师、未来的家长，我们必须树立科学、正确的幼教专业理念，掌握和遵守幼儿园教师的职业道德规范及职业行为规范，具备扎实、过硬的专业素养，成长为一名真正能承载起奠基性教育的优秀教育工作者。

任务一　幼儿园教师的专业理念

本任务主要涉及教师必须持有的正确的教育观(素质教育、幼儿园保教结合、育人为本、因材施教等教育理念)，儿童观(儿童具有独立人格，儿童是权利主体，儿童期有其自身价值，儿童具有个体差异性是处于不断发展中的)，教师观(热爱幼儿教育事业，认同幼儿园教师的专业性和独特性，理解幼儿教师的职业责任与价值，注重自身专业发展)。本任务要求学习者理解和树立科学、正确的教育观、儿童观、教师观，并能以相应理论对具体的教育现象进行评判与分析。

案例1　“起跑线”上的输赢

——坚持“尊重儿童发展与学习规律”的儿童观

案例描述

一句“莫让孩子输在起跑线上”几乎激荡着所有成人的心弦。这种由商人鼓噪的社会情绪，让整个幼教界焦躁起来：家长们为了不让孩子“输在起跑线上”而不安；各大培训机构“真诚”“激动”地宣扬“莫让孩子输在起跑线上”，鼓动孩子尽早开始学习各种技能；一些幼儿园受利益驱使，便迎合、利用家长的这一心态，办起了各种“兴趣班”“特长班”。虽然国家明令禁止幼儿园收赞助费、办兴趣班，但仍有幼儿园以“活动班”“课后班”等别名行之。孩子们奔行于各个兴趣班之间，毫无休息和自娱的时间。

问题：请结合案例，从儿童观和教育观等角度对这一现象进行评析。

分析视角

1. **提炼案例主题，表明自己观点**

由案例得知，家长在“莫让孩子输在起跑线上”这一思想的影响下，全然不知不顾教育的规律、学习的规律及儿童成长的规律，盲目增加孩子的学习负担，剥夺了孩子成长的自然性与快乐性。本人认为这种做法是错误的。一些幼儿园以营利为目的办“兴趣班”的做法也是不对的。

2. 明确理论要点，构建答题思路

(1)以儿童身心发展特点和成长规律为依据进行分析。

人与万物的生长一样有其自身规律。若拔苗助长，欲速则不达，反而会对儿童造成伤害。《3—6岁儿童学习与发展指南》具体阐明了各个年龄段儿童在各项领域的学习和发展的目标以及教育建议。如果成人不顾儿童的身心特点和成长规律，过早、过多地强迫儿童学习知识和技能，势必造成儿童的身心负累，影响儿童的身心健康，甚至导致其厌学情绪的出现。所以，本案例中家长及幼儿园的做法是不正确的。

(2)以“育人为本”的素质教育观为依据进行分析。

素质教育以“育人”为前提，以提高全体学生的基本素质为目的，依据人和社会的实际需要，主张开发人的个性。它不仅关注人的当前发展，而且关注人的长远发展和全面发展。只有坚持“育人为本”的教育理念，才能更好地服务于素质教育。

参考答案

本人认为“莫让孩子输在起跑线上”的观点是错误的，在这种观点影响下的一些家长和幼儿园的做法自然也是错误的，理由有三点。

其一，“莫让孩子输在起跑线上”是个伪命题。因为人生既不是短跑，也不是中长跑，它是一场马拉松，绝不会“输在起跑线上”。试想，如果从幼儿园就开始抢跑、快跑，那么，孩子历经3年的幼儿园和12年的中小学生活，待到跑入大学时定是精疲力竭，而丧失了持续发展的能力，这也正是中国大学生发展后劲不足的原因之一。况且人的生存、生活和工作技能都是后天习得的，何来“起跑线”之说，又何来“输在起跑线上”之说？说到底，这不过是商人为了获取利益而利用了家长急于“望子成龙”的心态所实施的一项营销策略。

其二，“莫让孩子输在起跑线上”这一思想违背了儿童身心发展的规律和学习规律。万物生长、宇宙运行皆有规律，即便教育在人的发展中起着主导作用，但它也必须是以尊重人的遗传和自然成熟为前提的。《幼儿园教育指导纲要(试行)》在总则里指出要“尊重幼儿身心发展的规律和学习特点”，《3—6岁儿童学习与发展指南》中也提出“严禁‘拔苗助长’式的超前教育和强化训练”。

其三，“莫让孩子输在起跑线上”的思想违背了“育人为本”的素质教育理念。“育人为本”是教育的生命和灵魂，是教育的本质要求和价值诉求。其尊崇的是教育要人性化；要充分尊重学生的主体地位；要尊重、研究、信任和发展每一位学生；要为每一位学生提供适合他们的学习环境。“育人为本”的素质教育，关乎的是人的发展的多样性、全面性、生动性、可持续性和个体差异性。案例中家长们将年幼孩子置于“起跑线”上“抢跑”的急功近利行为，恰恰违背了“育人为本”的素质教育的基本理念。所以，本人认为“莫让孩子输在起跑线上”的观点根本就是荒谬的，在这种观点影响下的一些家长和幼儿园的做法自然也是不可取的。

正确的做法是：幼儿园教师和孩子家长应树立科学、正确的儿童观和教育观，尊重幼儿的年龄特征和身心发展规律，尊重幼儿学习的规律和特点，不应拔苗助长。要贯彻素质教育的理念，而不应只注重幼儿知识和技能的学习，使幼儿身心得到健康、自然、全面、和谐的发展。另外，幼儿园也要彻底清除以营利为目的的思想，同时，对于来自家长和社会的一些错误观点和需求予以抵制和说服，向他们宣传正确的幼教理念，实现幼儿园育人与服务社会和家庭的双重任务。

案例 2 “红的，蓝的”

——坚持“保教结合”的教育观

案例描述

皮皮是某幼儿园中班的小朋友，皮皮的妈妈是幼儿师范学校的一名老师。每当下午皮皮从幼儿园回来后，他的妈妈总会问：“儿子，今天中午在幼儿园吃了什么好吃的饭菜?”可是几乎每次得到的回答都是“红的，蓝的”。当妈妈继续问“红的，蓝的”是什么菜时，皮皮总回答不上来。于是皮皮妈只有自己揣摩这“红的，蓝的”到底是什么菜。恰巧一次公事，皮皮妈去了皮皮所在的幼儿园，待办完事后已是幼儿园午餐之时，她悄悄来到皮皮的班级，默默观察该班老师是如何组织幼儿午餐的：保育员阿姨和主班老师给孩子们一个个盛饭盛菜，其间除了有保育员阿姨和主任老师督促孩子们不要弄撒了饭菜的声音及一些呵斥、抱怨声外，再无其他。

问题：请从教育观等角度对本案例进行评判和分析。

分析视角

1. 提炼案例主题，表明自己观点

由案例得知，皮皮小朋友总说不出在幼儿园午餐的饭菜名，与该班老师组织进餐时没有适时进行教育有一定的关系，说明该班老师对幼儿园工作的性质和特点没有深刻领会，没有贯彻保教并重、保教结合的原则，没有意识到幼儿园一日生活的各个环节都可渗透教育行为，所以，本人认为这个班级的老师和保育员的做法是有所欠缺的。

2. 明确理论要点，构建答题思路

(1)以国家相关政策法规作为依据进行分析。

《幼儿园工作规程》《幼儿园教育指导纲要(试行)》等国家相关政策法规都强调幼儿园的各项工作必须做到保育与教育互相结合、互相联系、互相渗透。而本案例中保育员和主班老师只是把进餐活动作为一个极其普通、孤立的生活活动，未能将保育活动中所蕴含的教育元素发掘和利用。

(2)以幼儿园工作的特点作为分析的依据。

幼儿园不同于学校，它同时兼有“保”和“教”两方面的责任。一方面，要注重幼儿的保育工作，即对幼儿身体的照顾、保护、养育和促进生长；另一方面，要重视幼儿的教育工作，就是要遵循幼儿身心发展的规律和幼儿的年龄特点以及我国的教育目标，有目的、有计划地对幼儿初步进行德、智、体、美诸方面全面发展的教育。只有将两者紧密结合、相互渗透，做到“保中有教”“教中有保”，让教育与生活自然交融，自然发生，互为资源，互为手段，幼儿园的保教工作才能取得更好效果。显然，本案例中的老师没有做到。

(3)以幼儿认知发展特点和学习特点作为分析的依据。

幼儿对事物认知的不随意性要求教师的教育教学必须具有生动性、直观形象性，必须游戏化和生活化。保育与教育的紧密结合、相互渗透，是符合儿童认知发展的特点的。再者，儿童世界是一个整体，儿童对世界的认识也是以整体和游戏的方式进行的。幼儿园工作实践中，坚持保教结合、相互渗透，不仅契合了幼儿现时的认知特点和水平，而且能为幼儿日后逻辑思维的发展以及发现与建立事物之间本就存在的那种融通、关联、平衡、恰适和观照性的联系打下基础。本案例中主班老师和保育员未将保育活动(午餐)与教育活动结合起来，丧失了很好的教育机会。

参考答案

我认为本案例中主班老师和保育员没有利用幼儿园的生活环节实施“保教结合”的做法是不正确的。理由有以下三点。

其一，幼儿园坚持保教并重、保教结合的原则符合国家相关规定。例如，《幼儿园工作规程》第三条指出幼儿园的任务是“贯彻国家的教育方针，按照保育与教育相结合的原则，遵循幼儿身心发展特点和规律，实施德、智、体、美等方面全面发展的教育，促进幼儿身心和谐发展”。而本案例中的老师没有认识和领会这一教育原则，教育实践中没有将幼儿园的保育和教育工作加以结合、相互渗透。

其二，幼儿园坚持保教并重、保教结合的原则是幼儿园工作性质和特点决定的。一方面，幼儿是一个柔弱的生命个体，身心发展都处于脆弱和最基础阶段，需要成人的悉心照顾。而本案例中的主班老师在组织孩子进餐时对孩子的呵斥和抱怨会影响幼儿进餐的心情，降低食欲，这不利于幼儿的身体健康。另一方面，主班老师没有巧妙地在进餐这一生活活动中渗透教育的因素，而只把进餐当作一个简单无趣的生活环节，浪费了完全可以增进幼儿愉快进餐的情绪、丰富幼儿知识、促进幼儿发展的潜在的教育资源。

其三，幼儿园坚持保教并重、保教结合的原则有利于幼儿认知与情意的发展。因为教育融入生活保育之中使得教育的发生是轻松、自然、无痕的，幼儿是轻松愉快的，教育效果是好的。所以，本案例中主班老师和保育员的做法是有所欠缺的，应该改进。

正确的做法是：进餐时，老师以积极愉快的情绪感染幼儿，而不是大声训斥、抱怨幼儿做得不好，以免影响进餐气氛和幼儿进餐心情。然后，老师将饭菜的名称、颜色、味道、形状、材料等方面的知识简单、生动地介绍给幼儿，以丰富他们的知识和语汇，提高他们的语言表达能力，增进对粮食的爱惜以及对辛苦劳作的农民和厨房工作人员的感激之情。另外，老师还可以以自己的表情、语言以及谜语等其他方式表现出对进餐的喜悦和期待，充分调动起幼儿对进餐的渴望。总之，增强幼儿园教师保教并重、保教结合的意识以及提高保育员的教育素质是不可忽视的重要方面。

进餐

案例 3　孩子，你为什么不再说话了？

——理解“教师职业责任与价值”的教师观

案例描述

一天，一位母亲带着 4 岁的女儿来到幼儿园小(一)班卢老师的面前，说孩子是从另一所幼儿园转过来的。卢老师热情接待了她们，顺便问了问孩子：“你叫什么名字？今年几岁了？”女孩怯怯地看看老师，没说话，便转到了她妈妈的身后。这时，这位母亲示意有事要单独与卢老师沟通。原来，因为这个女孩爱讲话，先前那所幼儿园的老师曾拿着剪刀示意要剪她的嘴，她被这一行为深深地吓着了，自那以后，她无论在幼儿园还是在家再也不说话了。听完这位母亲的介绍，卢老师震惊了，心想：我一定要帮她！整整一个学期，卢老师给予了这个女孩全部的关爱和引导，让她逐渐消除了恐惧心理，变得越来越开朗、自信和快乐，也愿意说话了。

问题：请结合案例，从理解“教师职业责任与价值”的角度对案例中两位老师的行为进行评析。

分析视角

1. 提炼案例主题，表明自己观点

由案例得知，一个小班女孩被老师粗暴的“剪嘴巴”假动作吓到失语了。转园后，在卢老师的关爱和帮助下，女孩慢慢消除了恐惧心理，渐渐恢复了开朗、自信，并愿意说话了。我认为女孩原先所在幼儿园的老师的行为是错误的，不具备幼儿园教师的职业素养。相反，卢老师的行为则很好地诠释了教师的职业责任与价值，表现出崇高的职业道德。

2. 明确理论要点，构建答题思路

(1)以尊重“幼儿心理年龄特征”的儿童观进行分析。

幼儿的成长是一个复杂、神奇又充满快乐的过程，他们就像一棵棵小树苗，在成长的过程中需要成人的精心呵护和照料。幼儿的每一个年龄段都有其特点，幼教工作者必须根据其年龄段特点进行教育。小班幼儿认知水平低，判断事物的能力弱，不易分清真假，情绪不稳定，容易受到惊吓。

(2)从理解“教师职业责任与价值”的角度进行分析。

幼儿园教师是履行幼儿园教育教学工作职责的专业人员，必须具有良好的职业道德，掌握系统的专业知识和专业技能。《幼儿园教师专业标准(试行)》中明确提出：“关爱幼儿，重视幼儿身心健康；尊重幼儿人格，维护幼儿合法权益，不体罚或变相体罚幼儿；积极创造条件，让幼儿拥有快乐的幼儿园生活。”本案例中，女孩原先所在幼儿园的老师的行为完全违背了这些要求，老师的变相体罚行为给女孩的身心带来巨大的伤害。相反，卢老师面对女孩的这一状况，充满同情和爱怜之心，深感自己有着义不容辞的责任。正是在这种强烈的爱的情感和责任感驱动下，卢老师给予了女孩悉心关照和引导。

(3)从幼儿园教师应具有的身份角色视角进行分析。

《幼儿园教育指导纲要(试行)》明确指出：“教师应成为幼儿学习活动的支持者、合作者、引导者。”幼儿园教师是在幼儿园里专门从事教育教学活动的角色，这个角色的特殊身份要求教师不仅通过自己掌握的知识影响学生，还要通过自己的人格和道德力量、言传身教去影响和感染学生。《幼儿园教师专业标准(试行)》也明确提出，教师要“重视自身日常态度言行对幼儿发展的重要影响与作用”。本案例中，女孩所经历的两位教师的表现有天壤之别，给女孩带来的影响也截然不同。

我认为本案例中的两位老师是完全不同的，在教育观、儿童观和教师观上有巨大的差异。具体表现在三个方面。

一是两位老师在“尊重幼儿心理年龄特征”的儿童观上不同。前任老师仅仅因为女孩在老师不希望孩子们讲话的时候讲话了，就恐吓女孩要剪她的嘴，导致女孩“失语”。殊不知小班幼儿原本就集体意识、规则意识差，控制能力弱，很难长时间控制自己的行为。而卢老师则非常理解和尊重女孩，给予女孩充分表现自己的机会并加以鼓励，让其产生自信心。

二是两位老师对“教师职业责任与价值”的认识理解不同。《幼儿园教师专业标准(试行)》中明确提出，“关爱幼儿，重视幼儿身心健康”；“尊重幼儿人格，维护幼儿合法权益”；“不体罚或变相体罚幼儿”；“积极创造条件，让幼儿拥有快乐的幼儿园生活”。然而本案例中，前任老师的恐吓行为直接导致女孩失语，何谈“让幼儿拥有快乐的幼儿园生活”？而卢老师则真正地以爱心和责任心打开了女孩闭锁的心门，为女孩找回了失去的欢声笑语。

三是两位老师为幼儿扮演的角色不同。前任老师相对于女孩来说既不是幼儿学习活动的支持者、合作者、引导者，也没有用自己的人格和道德力量去影响和感染幼儿，她只是幼儿的看管者，其简单粗暴的行为把女孩推入了无言的荒漠，给女孩造成了很大的心理伤害。而卢老师则是女孩的支持者、合作者和引导者，她以自己的一片爱心和责任心给予女孩细心的呵护，逐渐改善了女孩自卑、怯懦的心理状态，从而让女孩变得越来越开朗、自信和快乐，最终将天真的笑容和与人交流的能力还给了女孩。所以，我认为卢老师的教育行为是正确的、有效的、可敬的。

任务二　幼儿园教师的职业规范

幼儿园教师的职业规范主要诉诸教师的职业道德规范。幼儿园教师职业道德规范的具体内容包括爱国守法、爱岗敬业、关爱幼儿、教书育人、为人师表、终身学习等，是通过教师的职业行为即教师的思想行为、教学行为、人际行为和仪表行为体现出来的。本任务要求学习者理解和掌握幼儿园教师的职业规范，树立良好师德，能对相应的教育案例给予正确的评析。

案例 1　老师，我还能爱你吗？

——坚守“关爱幼儿”的职业道德

案例描述

镜头一：一名幼儿在午睡室的高低床上层蹦跳，一名老师走上前将幼童拽住，顺势往下一甩，幼童以头朝下的姿势从床上栽落到地上。

镜头二：一大班女孩喜欢讲话，老师说：“再讲话，你全家死光光！”

镜头三：只要孩子“不听话”，老师无论手上抓的是什么都会往孩子头上打。

镜头四：女孩算不出“10＋1”，老师十分钟内狂扇女孩数十个耳光。

频繁上演的虐童事件不仅重重地拷问着教师的职业道德、拷问着做人的良心，同时也深深刺痛了被虐孩子的心：老师，我还能爱你吗？

问题：请从幼儿园教师的职业道德规范等方面对本案例进行评析。

分析视角

1. 提炼案例主题，表明自己观点

本人认为本案例所列举的种种幼儿园教师侮辱、伤害幼儿身心的言语和行为是极其错误的，是完全违背教师的职业道德要求的，是完全缺乏作为普通人对幼小儿童应有的同情、慈爱之心的，有的甚至是犯罪行为。

2. 明确理论要点，构建答题思路

(1)从国家相关政策法规对“师德”要求的角度分析。

《幼儿园工作规程》《中华人民共和国未成年人保护法》《幼儿园教师专业标准(试行)》以及 2018 年 11 月颁布的《中共中央 国务院关于学前教育深化改革规范发展的若干意见》等国家政策法规都有对“师德”的明确要求。

(2)从幼儿的心理特点角度分析。

“模仿性”和“向师性”强是幼儿的天性，幼儿园教师及其他工作人员的言行举止都会对幼儿产生深远的影响。因此，教师的言行必须是正确、积极的，是温暖、向善的，是可供幼儿学习的和能促进幼儿身心健康发展的。

(3)提出正确做法。

要坚决杜绝类似损害儿童身心健康的现象发生，需要家庭、学校、社会、政府全方位的共同努力。例如，提升家长育儿理念；开展师德教育，树立良好师德师风；提高幼儿园教师入职门槛；加强监督管理机制建设；加大政府对学前教育的投入等。

参考答案

我认为，本案例只是众多虐童事件中的寥寥几例，现实中虐童事件的数量之多、性质之恶劣让人震惊、令人发指。所有发生在托幼机构的虐童事件，都是对幼儿、对教育、对教师应有尊严和价值的嘲讽、胁迫和亵渎。一切无视法律法规、无视教师的职业道德规范、有损儿童利益、伤害儿童身心健康的言语和行为都是错误的，甚至是犯罪，应绝对零容忍。理由有二。

第一，我国相关法律法规对教师的职业道德有明确规定，例如，《中华人民共和国未成年人保护法》第二十一条规定："学校、幼儿园、托儿所的教职员工应当尊重、爱护未成年人的人格尊严，不得对未成年人实施体罚、变相体罚或者其他侮辱人格尊严的行为。"《幼儿园教师专业标准(试行)》对教师的个人修养与行为也做了规定，即教师要"富有爱心、责任心、耐心和细心"。2018 年 11 月颁布的《中共中央 国务院关于学前教育深化改革规范发展的若干意见》提出要"提高教师职业素养，培养热爱幼教、热爱幼儿的职业情怀"。

第二，幼儿具有强烈的"模仿性"和"向师性"。这决定了幼儿园教师的言行举止必须具有"示范性"，必须是文明的、正确的、科学的、富有善意的和可被学习与模仿的。教师应将"关爱幼儿""为人师表""教书育人"的理念深深融入血液中，融入对教育、对孩子的情怀之中。所有以伤害儿童人格、尊严、身心健康为代价的所谓"教育"都是苍白、罪恶的，是必须坚决禁止的。

要避免幼教界虐童事件的发生，就必须有效提升教师的职业道德水平。具体措施：一是深入开展师德教育，幼教专业学校应坚定不移地贯彻爱的教育，没有爱的教育是很难成功的；二是提高幼儿园教师入职门槛，对没有学前教育相应资质及专业背景的人坚决拒之门外；三是加强管理，形成上一级主管部门对下一级部门的检查和监督；四是加大政府对学前教育的投入，增办公立幼儿园。总之，教师应时刻提醒自己严格遵守教师职业道德规范，严守社会伦理道德底线，用爱心与行动实现对幼儿、对家长、对社会的庄严承诺。

案例 2　听，小树在哭呢！

——坚守"教书育人"的职业道德

案例描述

一天，幼儿园的孙老师走在公园附近的一条街道上，远远看见前方有两三个孩子在使劲地摇晃一棵小树。这时一位中年阿姨走到那几个孩子跟前，将右臂指向他们，似乎说着什么，那几个孩子一下散去了。可是等那位阿姨离开之后，这几个孩子又回到原处，继续摇晃小树。不一会儿，孙老师走到了那几个孩子身边，只见她俯下身子，趴在小树上侧耳听着什么，孩子们好奇地问道：“阿姨，您在听什么呀？”孙老师认真地说：“我听到小树在哭呢！”孩子们顿时似乎蒙了，很快又反应过来，说：“小树怎么会哭呢？”孙老师说：“我听见小树在说它的胳膊、腿被摇得很疼呢。”这时，几个孩子面面相觑，默默地离开了。

问题：请从教师的职业道德等角度，对本案例中孙老师的教育行为进行评析。

分析视角

1. **提炼案例主题，表明自己观点**

由案例得知，几个孩子在摇晃小树玩耍，其间一位中年妇女前去阻止，但或因方法不当而劝阻无效。而孙老师以直观、生动、形象的语言和动作，运用拟人化的教育方法，有效地阻止了孩子们摇晃小树的行为。我认为，孙老师的做法正确、专业、有效。

2. **明确理论要点，构建答题思路**

(1)从国家政策法规的角度进行分析。

《幼儿园工作规程》和《幼儿园教师专业标准(试行)》等政策法规明确提出，幼儿园应当充分利用家庭、社会、自然的有利条件，拓展和综合利用幼儿园的教育资源；强调对幼儿的品德教育应贯穿于幼儿生活以及各项活动之中。

(2)从幼儿年龄特征的角度进行分析。

“泛灵”心理是幼儿期的一种心理现象，尤其是年龄较小的幼儿，身体、心理等各方面都不成熟，认知能力低，他们往往根据自己的生活经验与思维方式赋予事物以生命。本案例中，孙老师采用的“拟人化教育”正是契合了幼儿这一心理特征，所以教育效果明显好于那位中年妇女的简单制止。

(3)从陶行知、陈鹤琴的课程资源观角度进行分析。

陶行知先生倡导“生活即教育”“社会即学校”的主张，他说：“我们的实际生活就是我们全部的课程，而我们的课程也就是我们的实际生活。”陈鹤琴先生提出了著名的“大自然、大社会都是活教材”的观念，他认为，学前儿童是在周围的环境中学习的，应该以大自然、大社会为中心组织课程。他们的这种课程资源观对今天的教育仍然有着重要的指导意义。

参考答案

本人认为，案例中孙老师的做法非常值得称赞。理由有三点。

首先，孙老师理解、尊重幼儿。对于幼儿表现出的一些不当行为，孙老师不是粗暴地训斥和制止，而是在充分理解和尊重幼儿年龄特征的基础上，采取了适当的、有针对性的教育方式，即“拟人化教育”。拟人化的教育方法成功地阻止了幼儿摇晃小树的行为，同时唤醒了他们对其他生命的怜悯和尊重，巧妙、适时地进行了保护环境、热爱自然、尊重生命的教育。

其次，孙老师的做法符合教育家陶行知、陈鹤琴的课程资源观。孙老师正是遵循了陶行知先生的“生活即教育”“社会即学校”的主张以及陈鹤琴先生著名的“大自然、大社会都是活教材”的观念，巧妙、适时地利用了大自然——小树作为教育的对象和手段，对幼儿进行了保护环境、热爱自然、尊重生命的教育，帮助幼儿形成良好的道德感和美感，养成其良好的行为习惯。

最后，《幼儿园教师专业标准(试行)》指出，“重视环境和游戏对幼儿发展的独特作用”，“重视幼儿园、家庭和社区的合作，综合利用各种资源”。案例中的孙老师并不是在自己的工作时间和工作地点，而是偶然路过此地时遇到这一情景的，但作为一名幼儿园教师，职业角色和职业道德驱使着她不错过任何一个可以引导幼儿向好向善的教育时机，不计较是否自己的本职工作，因时因地因人对幼儿施以引导，显现了出色的教育机智和敬业精神。这种“教书育人”“爱岗敬业”的职业道德和职业行为，正是每一位教师和每一位即将成为教师的人必须铭记于心和潜心实践的。

案例3　老师让我举右手

——坚守“爱岗敬业”的职业道德

案例描述

有个成绩不太好的学生，上课时特别爱举手回答问题，甚至有时老师问题还没问完，他便把手高高地举了起来，让他起来回答时，他又不会。老师课下和这位同学聊天，问他原因，他说：“班上的同学总笑我成绩不好，说我傻，我不服气，所以老师提问时我总是举手，想向大家证明我不笨。”老师了解了原委后，并没有批评这个学生，而是和他订下“君子协议”：“以后老师提问时，真会回答，你举左手；如果不会，就举右手。”在以后的课上，老师抓住该生举左手的机会，让他回答，并好好地表扬了他。从那以后，这个学生在学习上很有起色，不久就跨入了先进生的行列。

问题：请从教师的职业行为等方面对本案例进行评析。

——改编自《2017年国家教师资格考试·综合素质·历年真题解析及预测试卷(幼儿园)》，158页，北京，首都师范大学出版社，2015。

分析视角

1. 提炼案例主题，表明自己观点

由案例得知，一成绩不太好的学生因为想向班级同学证明自己不笨，上课时只要老师提问，无论会还是不会他都要举手，所以有时会出现尴尬的情形。当老师与之沟通了解原因后，非但没有批评他，反而与之约定：若真的会回答就举左手，反之则举右手。在老师的关照、帮助下，该生的学习有了很大的进步。我认为老师的做法非常好，值得尊重和学习。

2. 明确理论要点，构建答题思路

(1)从相关政策法规对“师德”要求的角度进行分析。

《中小学教师职业道德规范》规定教师要“爱岗敬业”，要“认真备课上课，认真批改作业，认真辅导学生。不得敷衍塞责”。《中小学教师职业道德规范》还规定教师要“尊重学生人格”“做学生良师益友”。本案例中老师的教育行为完全符合《中小学教师职业道德规范》的要求。

(2)从“因材施教”教育原则的角度进行分析。

由于遗传素质、家庭环境和个人成长经历的不同，同一班级学生虽然有着共同的年龄特征，但是在学习态度和方法、学习成绩、兴趣和爱好、气质和性格、禀赋和潜能方面都会存在很大的差异。因此教师必须遵循“因材施教”原则，适应每个学生的不同需要及可能，进行针对性的教育。

(3)从教育艺术与教育智慧的角度进行分析。

教育的对象是富有生命、情感和差异的人，是处于动态发展中、有各种变化可能的人，因此，教师不能采取同一、机械、单调、一成不变的程式和方法进行教育，而要创造性地运用教育教学规律和心理规律，富有教育智慧地面对每一个学生。

(4)指出案例中教师存在的问题。

本案例中，学生先前为了向同学们表明自己“不笨”而总是举手，无论是否理解问题、知道答案，结果出现不会回答的尴尬情形。教师没有指出这一行为的不当之处。

参考答案

我认为本案例中老师的教育行为非常好，体现了“爱岗敬业”“关爱学生”的职业道德，理由有以下三点。

首先，教师的教育行为符合《中小学教师职业道德规范》所提出的“尊重学生人格”“做学生良师益友”“认真辅导学生”的要求。正是由于教师对自己岗位的挚爱，才会有对学生、对教育教学工作的那份理解和尊重，以及愿意为之进行研究、寻找最佳方式以求最佳效果的精神。可以想象，案例中的老师以“举左手”和“举右手”这一仅发生在师生两个人之间的“小秘密”进行教学的时候，这位学生该是怎样欣喜、安心和惬意的。正是在这样一种安全的心理环境中，这位学生才能卸下包袱，建立真正的自信，逐渐跨进先进生的行列。

其次，教师针对这位学生采用“举左手”和“举右手”的独特方式，体现了教师遵循“因材施教”这一教育教学的重要原则和方法。教育教学中，教师只有根据不同学生的认知水平、学习能力、志趣爱好以及性格特征，选择适合每个学生特点的学习方法，扬其长，避其短，激发学生学习的兴趣，树立学生学习的信心，才能促进学生全面发展。所以，本案例很好地诠释了“适合是最好的教育”这一教育理念。

最后，本案例中的教师采用的这种独特方式，充分体现了教师的教育智慧和教育艺术。好的教育，一定是饱含智慧和富有艺术性的教育，是将教育目的隐含于教育过程之中的，是不露痕迹、润物无声的，是在受教育者感受到尊严和信任的情境中悄然发生的。

另外，我认为案例中的教师存在一点疏漏，那就是没有告知学生要实事求是地表现自己。要使学生明白不真实的言语和行为并不能为自己赢得赞誉，应防止学生的自尊心向虚荣心方向发展。

案例 4　分批召开的家长会

——教师职业行为·教师与家长的关系

案例描述

某幼儿园的家长会是按照所谓“表现好”与“表现差”的幼儿的家长分批召开的。曾经发生过这样一件事：有一个“表现较差”的幼儿的家长推门进去参加家长会，结果被老师拒绝，老师对该家长说：“你们的会在下一拨，先出去吧。”当时这位家长很不好意思，红着脸离开了会场。

问题：请从教师的职业行为等角度对本案例进行评析。

——改编自邹群霞、钱伟、许央儿：《幼儿园教师资格考试·综合素质》，178 页，北京，北京师范大学出版社，2018。

分析视角

1. 提炼案例主题，表明自己观点

本案例是说某幼儿园的家长会是依据孩子表现的“好”与“差”分批召开的。本人认为这种给幼儿和家长贴标签的做法有失妥当。

2. 明确理论要点，构建答题思路

(1)以国家相关法律法规为依据进行分析。

《中小学教师职业道德规范》明确指出教师要“尊重家长”。《幼儿园教育指导纲要(试行)》也提出：“家庭是幼儿园重要的合作伙伴。应本着尊重、平等、合作的原则，争取家长的理解、支持和主动参与……”而案例中幼儿园的这种做法无疑会伤害家长的自尊心以及对幼儿园的信任，从而影响家园合作、影响幼儿的发展。

(2)从科学的儿童观角度进行分析。

先天的遗传素质与后天的家庭、社会环境等因素，造成了幼儿与幼儿的不同，他们的身心特点是具有个别差异性的。对于处在人生最基础阶段的幼儿，教师给予“表现好”“表现差”的评价显然是不客观、不公正的，是违背科学的儿童观的。而错误的儿童观势必导致错误的教育行为，最终影响儿童的健康发展。

参考答案

我认为幼儿园的家长会很重要，它是幼儿园开展家长工作、密切家园联系的一种重要形式和途径。家长会有时可以根据情况分类召开，但本案例中按照所谓幼儿表现的“好”与“差”而分批召开家长会的行为则是不当的。理由有两个。

第一，国家相关法律法规在尊重家长方面已有明确要求，例如，《中小学教师职业道德规范》《幼儿园教育指导纲要(试行)》等均提出要“尊重家长”“赢得家长的支持和配合”，对家长保持平等、合作的态度，共同形成教育合力，促进儿童的健康发展。而案例中幼儿园的做法恰恰没有尊重家长，将家长置于尴尬境地，所以我认为幼儿园的这种行为是不合适的。

第二，“表现好”与“表现差”的说法容易让人联想到道德判断，于幼儿是不客观、不公正的，是违背科学的儿童观的。来自先天遗传和后天环境、教育的不同影响，使得幼儿存在着个别差异性。教师应该谨慎而客观地对待不同的幼儿，切莫把幼儿的特点当缺点。如果武断地将幼儿分成“表现好”和“表现差”，无疑会给所谓“表现差”的幼儿及其家长带来负面影响，从而影响幼儿对自我、对集体、对他人的认知和接纳，影响家长与幼儿园之间的信任与合作，无法形成教育合力，最终将影响幼儿的发展。

关于幼儿园的家长会，我认为正确的做法是：根据召开家长会的目的，可以从范围上、时间上、功能上选择家长会的形式。如本案例中，如果教师一定要分类召开家长会，那么分类的依据也不应该是所谓“表现好”的幼儿和“表现差”的幼儿，而是可以以某一个具体的缘由单独召开家长会。如召集攻击性行为较强幼儿的家长，开一个小型的家长会，这既便于有相似问题的幼儿家长相互交流，也使教师的谈话内容更有针对性。

真题展练

1. 到中班的第一天，白老师就注意到了小锴。整整一天，小锴基本不说话，极腼腆，无论问什么，他都用大大的眼睛看着你，点点头、摇摇头或是笑一笑。玩“萝卜蹲”游戏时，他踊跃地举手，叫起来又一言不发；在外面投掷沙包时，白老师问他：“你能扔进那个筐吗?”他就把沙包捡起来扔进去，然后腼腆地笑……经过了解，小锴是进城务工人员的孩子，刚入园不久，害怕小朋友嘲笑自己的乡音，很少说话。怎么让小锴开口说话呢？白老师有意识地找小锴说话，聊他最感兴趣的话题。美工区里，小锴在玩橡皮泥，白老师问：“你握的是什么呀?”他摇摇头，白老师又说：“告诉老师，你握的是什么呀?”小锴小声地说：“是橡皮泥……”“我觉得你说话的声音特别好听。”小锴开心地笑了，用极小的声音说：“这是西瓜，这是……”“你在家看什么动画片啊?”“《大头儿子和小头爸爸》。”“最喜欢里面的谁啊?”“大头儿子。”“那你喜欢白老师吗?”“喜欢……”之后，白老师找到小锴的家长，建议他们多和小锴交流，抽时间带小锴多与同龄孩子玩耍。慢慢地，小锴愿意和别人说话了，性格也活泼开朗多了。

问题： 请从教育观的角度对本案例中白老师的教育行为进行评析。

参考答案

我认为白老师的教育行为是正确的，是符合素质教育的基本要求的。理由有以下三个。

首先，案例中白老师的教育行为体现了教育要面向全体学生，促进每一个学生的发展这一素质教育的第一要义。白老师没有歧视进城务工人员的孩子小锴，而是给予了小锴更多的关爱、鼓励和引导，最终使小锴变得性格活泼开朗、愿意与别人说话。

其次，白老师针对小锴不愿露怯的腼腆、自卑的心理状态，指出小锴“说话的声音特别好听”的优点，给他自信。并且结合小锴的生活实际，采取亲切、委婉、鼓励的谈话方式，走进小锴的内心，给他安全感和归属感。白老师这种观照个人在先天禀赋、环境影响、接受教育的内化过程等方面存在的诸多差异，对教育对象理解、尊重和体恤，从而因材施教的理念和行为，正是对素质教育的另一要义“促进学生个性发展”的诠释。

最后，白老师建议小锴的家长多鼓励小锴与同龄儿童交往，以提高小锴与人交流的能力和自信心。白老师这种利用“家园合力”共同促进幼儿发展的行为，正符合《幼儿园教师专业标准(试行)》所提出的要求：“重视幼儿园、家庭和社区的合作，综合利用各种资源。”

总之，通过对本案例的分析可知，白老师的教育行为是正确、科学的，体现了白老师拥有素质教育观、“育人为本”的儿童观和对幼儿关爱、尊重、引导、帮助的良好师德，值得我们学习。

2. 教师节这天，一位中年男子手捧鲜花，带着一位少女来幼儿园里找赵老师。中年男子说：“我的女儿幼儿园毕业六年了，今天是教师节，在这个特别的日子，我问她还记得哪些老师，没想到孩子第一个提到的是幼儿园的赵老师。现在孩子特别喜欢写作，很多作品都发表了，这都是当年您经常领着孩子做观察记录和临毕业前写心情日记打下的基础。孩子现在还收藏着她人生第一本有图、有文的日记。现在，她已经养成每天都写日记的习惯，还获得‘小作家’的称号！在今天这个特别的日子里，我一定要领孩子来看看您，要向您说声谢谢！”

问题：请从教师观、教育观等角度评析赵老师的教育行为。

参考答案

我认为赵老师的教师观、专业理念以及教育行为无疑是正确的、有效的，是值得赞赏和学习的。

第一，赵老师的教育行为符合《幼儿园教育指导纲要(试行)》所提出的教师要成为幼儿健康成长的启蒙者和引路人，成为幼儿学习活动中的支持者和引导者的要求。教师作为幼儿学习活动的引导者是教师作用的最突出的体现，“引”是“指引”，“导”指“导向”，就是教师以教育目标为导向，指引幼儿不断朝向教育预期的目标发展。本案例中的赵老师让幼儿从小养成观察、记录的学习习惯，培养幼儿爱学习的情感与会学习的方法，为他们以后的学习打下了最初的基础。

第二，从案例中可以感知到赵老师以她爱教育、爱幼儿的师德与情怀以及懂教育、会教育的专业素养点亮了孩子们探索、求知的心灯，培养了他们爱学习的情感与会学习的方法，深深赢得了孩子们的尊敬和爱戴，以致本案例中的这名女孩在幼儿园毕业多年后仍然不忘赵老师，因为是赵老师曾经的启蒙与引导使她养成了今天的良好学习习惯，取得了成绩。

可见，一个师德优良、职业素养高的幼儿园教师会在幼儿的成长过程中恰到好处地扮演各种角色，给幼儿带来深远的影响。“亲其师，信其道”永远不过时。

3. 某幼儿园的陈老师在教学实践中深刻体会到，为了更好地教育教学，必须提高自身的素质。为此，她攻读了在职研究生，开始了她“以育促学、以学促育”的在职进修，坚持三载，终以优异成绩获得硕士学位。从此，陈老师立下誓言“学习、学习、再学习”，每天的业余时间和节假日都被她合理安排为“书香生活”。正因如此，工作十多年来，她在教学和科研方面均做出了突出成绩，多次被评为优秀教师。

问题：请从教师职业道德的角度评析案例中陈老师的行为。

参考答案

从陈老师的行为当中，我看到了她在贯彻终身学习的理念，所以我认为陈老师的行为是正确的，是值得肯定、赞赏和学习的。理由有以下三点。

首先，国家相关政策法规提出“终身学习”的要求。如《中华人民共和国教育法》《面向21世纪教育振兴行动计划》《中共中央国务院关于深化教育改革，全面推进素质教育的决定》等政策法规都有关于“终身教育”“终身学习”的论述，再如《幼儿园教师专业标准(试行)》对于教师的“个人修养与行为”提出教师要“勤于学习，不断进取”。所以陈老师的行为是正确的。

其次，古今中外的教育家、思想家都有关于“终身学习”的论述。我国古代思想家、教育家孔子是世界上最早身体力行地实践和倡导终身学习思想的人。孔子有句名言“学而不厌，诲人不倦”，体现了他终身热爱学习的积极精神状态。伟大的人民教育家陶行知也提出：“活到老，做到老，学到老。”

最后，终身学习有利于教师增强效率感和成就感，避免产生职业倦怠。在导致教师产生职业倦怠的多种原因中，缺乏成就感和缺乏进取意识是两个重要的主观因素。案例中的陈老师正是注重不断学习、不断得到专业成长，才使她越来越优秀，工作越做越出色，已达到一种良性循环的境界。

总之，“终身学习”是现代教师观的重要内涵之一，也是教师必须具有的职业道德规范。只有不断学习，教师的素养才会不断提高。正如南宋著名的学者朱熹所说：“问渠那得清如许？为有源头活水来。”陈老师的终身学习意识和行为，自然促进了她的专业发展，使优秀成为一种习惯。

项目二
教育法律法规

学习目标

1. 知道教师享有的基本权利和应该履行的义务，能够运用有关教师的法律规定分析和解决在教育实践中出现的教师权利维护和违规违纪行为的处理等相关实例。

2. 知道幼儿享有的基本权利和相关特殊保护措施，能够运用有关幼儿权益维护的法律规定分析和解决在教育实践中幼儿权益受到侵害时如何维护的相关实例。

3. 熟知学前教育领域重要的政策法规及其包括的重要的教育理念，并能够运用其分析和解决在教育实践中出现的违反或遵循相关政策法规的实例。

问题导入

近些年，随着信息化社会的快速发展和人们关注度的提升，有关幼儿园教师维权和幼儿权利受到侵害等案例屡见不鲜。同时，为了规范办学行为和提升教学质量，国家针对学前教育的发展，颁布、实施了一系列政策法规。一名准幼儿园教师面对在教育实践中出现的幼儿园教师权益维护、违规违纪行为处理、幼儿权益维护等问题时，应该知道如何应对，对相关的学前教育政策法规也都应该熟知并积极贯彻实施。那么，在教育实践中，到底又该如何做呢？

任务一　教师的权利与义务

本任务主要涉及教师拥有的各种权利和必须履行的各种义务，权利受到侵犯时如何保护，以及未履行好义务或者违反纪律时如何处理等知识点。要求学习者熟知相关法律条文，重点是学会分析和解决幼儿园教师未履行好义务或违规违纪的处理等相关案例。

案例 1　难圆的函授梦

——应享受的合法权利

案例描述

小张老师在本市一所公办幼儿园上班，已经上班三年的她深感学历和能力的不足，于是她决定去报考函授。由于函授的学习会占用部分上班时间，当她去向园长请示批准参加函授学习时，园长以函授会分散工作精力、影响班级管理为由，不支持小张报考，也不同意请假。没有被批准报考的小张感到很无奈、失落，工作也不像以前那么积极了。

问题：请从相关法律法规的角度评析案例中园长的做法。

分析视角

1. 提炼案例主题，表明自己观点

由案例可知，园长的做法明显侵犯了小张老师作为专业教育教学人员的基本权利中的“进修培训权”。本案例主要考查的就是从相关法律法规的角度评析小张老师的“进修培训权”被侵犯的问题。就本案例而言，小张老师报考函授的做法是合情合理的，并应当得到支持和鼓励，而园长的做法则是错误的。

2. 明确理论要点，构建答题思路

(1)从侵犯教师“进修培训权”的角度评析园长的做法。

《中华人民共和国教师法》第七条第六款规定，教师享有“参加进修或者其他方式的培训”的权利，报考函授正是小张老师行使该权利的正当做法，既合情合理，也合法。而园长以影响工作为由，不同意小张老师报考的做法则是错误的，也是违法的。

(2)从挫伤教师专业发展积极性的角度评析园长的做法。

幼儿园要想发展、提高教育教学质量，教师队伍的建设至关重要，教师综合素质的高低直接关系到幼儿园教育教学质量的好坏。小张老师报考函授，提高学历和能力，这是幼儿园和教师双赢的事情，园长应该支持和鼓励，而不是拒绝和反对。这会直接挫伤小张老师的工作积极性，进而会间接地影响到幼儿园教育教学质量的提升。

参考答案

我认为案例中小张老师报考函授的意愿是合理的，也是必要的，而园长却以分散工作精力、影响班级管理为由，不支持小张老师，这是不对的，理由有如下两点。

第一，园长的做法侵犯了小张老师作为专业教育教学人员的职业权利中的“进修培训权”。《中华人民共和国教师法》第七条第六款规定，教师享有“参加进修或者其他方式的培训”的权利。任何组织和个人不得干涉教师的该项权利，并且学校以及教育行政部门还要积极采取各种措施，保障教师进修培训的权利，以提高教师的素质。案例中的园长不支持小张老师，不同意其请假，这在一定程度上侵犯了小张老师参加进修培训的权利。

第二，园长的做法使小张老师在专业发展上的需求没有得到满足，严重挫伤了其工作积极性。教师的专业发展是教师不断获取新知识、增强专业能力、完善自身职业道德修养的过程，是适应教育工作需要和提高教育教学质量的必然要求。案例中小张老师报考函授的想法正是追求专业发展、提升专业素养的正当需求，做一名学会学习的终身学习者应当被尊重和支持。而被拒绝的小张老师情绪低落，工作不再像以前那样积极主动，显然园长的做法是不可取的。

案例2　不被喜欢的小军

——教师的违规违纪行为

案例描述

中班幼儿小军比较活泼好动，是班级的活跃分子，但是常常不按照老师的要求做，主班老师徐老师不太喜欢他。一天下午自由活动中，小朋友们都在一起玩玩具，小军与小华因为玩具汽车而争抢起来，小军将小华推倒在地，并将小汽车扔出了窗外。事后，徐老师将小军的小手绑住，将他放在教室窗户旁的柜子上，随即关上门离开了教室。小军为了挣脱绳索，在扭动身体时不慎从柜子上掉下来，被摔成脑震荡，额头缝了三针。事后，小军的家长要求徐老师承担全部责任。但是徐老师认为，根据《中华人民共和国教师法》和《中华人民共和国教育法》，她拥有学生管理权，对小军所造成的伤害仅仅是场意外事故，她只愿承担部分责任。

问题：针对案例中徐老师的做法和观点，请从相关法律法规的角度进行评析。

分析视角

1. 提炼案例主题，表明自己观点

由案例可知，徐老师因采取措施不当致使小军意外摔伤，还以拥有学生管理权为由拒绝承担全部责任。本案例主要考查的就是从相关法律法规角度评析徐老师的这种做法。就本案例而言，徐老师不仅做法违法，而且以拥有学生管理权为由拒绝承担全部责任的观点更是不合乎情理。

2. 明确理论要点，构建答题思路

(1)表明观点，并从《中华人民共和国未成年人保护法》等相关法律法规的角度说明理由。

根据《中华人民共和国民法典》《中华人民共和国未成年人保护法》以及《幼儿园工作规程》等相关规定，案例中徐老师的做法明显侵犯了小军作为公民基本权利中的人身权。此外，虽然《中华人民共和国教育法》等相关法律赋予了教师学生管理权，但徐老师的做法则是对学生管理权的曲解和滥用，还以此为由拒绝承担全部责任。因此，案例中徐老师的做法和观点都是不正确的。

(2)明确本案例中承担责任的法律主体。

根据《学生伤害事故处理办法》相关规定，当出现上述情形时，学校应当依法承担相应的责任。学校是法律主体，相关民事赔偿责任应该由学校先行承担，徐老师在履职过程中有错，学校赔偿后，可以对徐老师进行行政上的处分和追偿。

参考答案

第一，我认为案例中徐老师的做法和观点都是不正确的，从相关法律法规的角度来看，有以下几条理由。

(1)徐老师的做法既违背教师职业道德，更属于违纪违法行为。一方面，案例中徐老师的做法是对小军的不尊重、不关爱；另一方面，《中华人民共和国民法典》第一千零四条规定："自然人享有健康权。"《中华人民共和国未成年人保护法》第二十七条规定："学校、幼儿园的教职员工应当尊重未成年人人格尊严，不得对未成年人实施体罚、变相体罚或者其他侮辱人格尊严的行为。"《幼儿园工作规程》也有类似的规定。因此，案例中徐老师为惩罚小军，私自捆绑小军的行为明显侵犯了其人身权，威胁到了小军的生命健康、人身安全和人身自由。同时，徐老师的行为也是一种体罚和侮辱人格尊严的行为。因此，我认为徐老师的做法严重违背了关爱学生的教师职业道德，也是违纪违法的。

(2)曲解和滥用学生管理权，推卸责任，师德修养亟待提高。案例中，徐老师以拥有学生管理权为由来惩罚小军并拒绝承担全部责任的观点是对学生管理权的曲解和滥用。学生管理权必须在不违反法律和学生身心发展规律的前提下使用，不得以指导学生学习和发展为由，侵犯学生的身心健康。而且，案例中徐老师认为她对小军造成的伤害仅仅是场意外事故，这种推卸责任的观点是根本站不住脚的。

第二，从法律的角度看，学校是法律主体，且根据《学生伤害事故处理办法》第九条第九款规定，学校教师或者其他工作人员体罚或者变相体罚学生，或者在履行职责过程中违反工作要求、操作规程、职业道德或者其他有关规定的，学校应当依法承担相应的民事赔偿责任。徐老师在履职过程中有错，根据相关法律和规章制度，学校教育行政主管部门可以对徐老师进行行政上的处分，如降职、停职甚至解聘等；学校也可以在赔偿后，向徐老师追偿。

案例3　不服气的小王

——教师应履行的法定义务

案例描述

幼儿园教师小王2003年来园工作，一年后与一男青年恋爱并迅速确定关系。之后，她常常无故缺课、迟到、早退，并在幼儿园组织的多次业务考核中成绩不合格，被评为不称职。园领导多次劝导无效，2005年3月将其解聘。小王不服，认为她与幼儿园签订的五年合同还未到期，法律会保障其教育教学的权利。

问题：幼儿园是否侵犯了小王的教育教学权？为什么？

分析视角

1. 提炼案例主题，表明自己观点

由案例可知，小王因违反了幼儿园的相关管理制度而被幼儿园解聘，但小王却认为幼儿园侵犯了她的教育教学权。本案例主要考查的是教师应当履行的法定义务。就本案例而言，幼儿园将小王解聘不仅没有侵犯其教育教学权，而且既合情合理也合法。

2. 明确理论要点，构建答题思路

(1)从法律角度评析幼儿园是否侵犯了小王的教育教学权。

《中华人民共和国教师法》规定教师在享有教育教学的基本权利的同时还有履行教育教学职责的义务，而案例中的小王却常常无视自己的义务与职责。同时，案例中小王的行为属于故意不完成教育教学任务并给教育教学工作造成了损失。根据相关规定，应由所在学校、其他教育机构或者教育行政部门给予行政处分或者解聘。因此，幼儿园将其解聘是合法的，不存在侵犯其教育教学权的问题。

(2)针对案例中的两方面问题提出若干建议。

本案例涉及小王的行为和幼儿园管理两个方面的问题，可以从这两方面问题出发，提出合理化的建议，以帮助该幼儿园提升教育教学与管理的整体质量。

参考答案

我认为案例中的幼儿园并没有侵犯小王的教育教学权。相反，小王并没有履行好教育教学职责，其做法违反了相关规定，该幼儿园将其解聘的做法也是合情合理合法的。理由如下。

(1)履行教育教学职责是教师的义务。《中华人民共和国教师法》第八条第二款规定，教师要“贯彻国家的教育方针，遵守规章制度，执行学校的教学计划，履行教师聘约，完成教育教学工作任务”。教师在享有教育教学专业人员的教育教学权的同时，还应该履行相应的教育教学职责。而案例中的小王却常常无故缺课、迟到、早退，并多次考核不合格。这一系列行为足以说明其并没有履行好自己的教育教学职责，违反了《中华人民共和国教师法》的相关规定。

(2)案例中小王的行为属于不当行为，应承担相应的法律责任。《中华人民共和国教师法》第三十七条规定，“教师有下列情形之一的，由所在学校、其他教育机构或者教育行政部门给予行政处分或者解聘”，其中第一款就是“故意不完成教育教学任务给教育教学工作造成损失的”。案例中的小王常常无故缺课、迟到、早退等行为便属于上述情况。另外，园领导还多次劝导却无效。所以，虽然小王的合同未到期，但案例中的幼儿园将其解聘的做法是合情合理的，也是合乎《中华人民共和国教师法》规定的。

关于案例中的现象，我提出如下建议。

(1)教师应该加强自我监督、自我教育，在行使自己正当的职业权利时还应该依法履行自己的义务。

(2)幼儿园应该建立健全教师监管和考核制度，强化教师的依法执教意识，坚持赏罚分明、奖惩结合，积极提升教师的职业综合素养。

任务二　幼儿的权利保护

本任务主要包括幼儿的各种权利受到侵害时如何保护等知识点，学习者尤其要关注当前幼儿权利受到侵害的社会焦点问题的案例，例如，虐童事件、幼儿园意外伤害事故等，并重点学会分析此类案例和提出相应对策。

案例1　“我”又被虐了

——教育活动中幼儿的人身权

案例描述

2012年10月下旬，浙江温岭某幼儿园教师颜某出于“一时好玩”，揪住一名幼儿双耳向上提起的照片引发公众愤怒，该教师还多次对幼儿以胶带封嘴、倒插垃圾桶等方式进行虐待。

——改编自《温岭虐童幼师被刑拘》，北京青年报，2012-10-25。

2014年3月11日，负责事件调查的政府工作人员和家长在西安市某幼儿园召开沟通会。据媒体报道称，该幼儿园在未告知家长的情况下，长期给400名孩子服用名为“ABOB”(俗称“病毒灵”)的药物。

——改编自《枫韵幼儿园私自给学生服用处方药，家长愤怒讨说法》，华商网，2014-03-11。

2017年11月22日晚，十余名北京幼儿家长反映，朝阳区某幼儿园国际小(二)班的幼儿被老师用针扎、喂成分不明的白色药片，并提供了孩子身上多个针眼的照片。

——改编自《朝阳区政府回应红黄蓝幼儿园疑似虐童事件：一经落实，绝不姑息》，新京报，2017-11-23。

问题：根据上述案例，对于近些年来接二连三地出现的幼儿园教师虐童事件，你怎么看，又如何应对呢？

分析视角

1. 提炼案例主题，表明自己观点

由案例可知，近些年全国多地相继发生多起幼儿园教师虐童事件，虽然方式各不相同，但其错误都是相同的。本案例主要考查的是如何从法律和职业道德等角度剖析其中原因并提出合理对策。就本案例而言，幼儿园教师虐待儿童的做法既违背道德也违反法律，而造成该现象的原因则是多方面的，因而也要多方面合力应对。

2. 明确理论要点，构建答题思路

(1)针对幼儿园教师虐童事件表明观点，并多角度说明理由。

由案例可知，幼儿园教师虐待儿童的做法是极其错误的，性质是极其恶劣的。无论从《中华人民共和国未成年人保护法》还是从《中小学教师职业道德规范》的角度来看，这些教师都必须受到法律的严厉惩罚和道德的强烈谴责。

(2)从内外全面剖析幼儿园教师虐童事件发生的原因。

导致近些年来多地相继发生多起幼儿园教师虐待儿童事件的原因绝非偶然的或某一方面的问题，既有教师自身的内在原因，如职业道德素质偏低、职业危机感等，也有教育机构甚至政府部门的外在原因，如法律不健全、监管不力等。我们需要从内外两个层面进行全面剖析，为后续的对策分析提供依据。

(3)根据上述原因分析提出应对幼儿园教师虐童事件的针对性策略。

由上述原因分析可知，造成当前幼儿园教师虐童事件频发的原因是多方面、多层面的。因此，我们也应该从内外两个层面提出有针对性的应对策略，教育行政主管部门和幼儿园、教师、社会以及家长等方面要加强合作，形成整改合力，共同预防和应对此类事件的再次发生。

参考答案

其一，关于案例中描述的幼儿园教师虐童事件，我认为这些教师的做法是极其错误的，性质是极其恶劣的，既触犯了我国现有的相关法律，也违背了相关伦理道德，必须受到法律上的惩罚和道德上的谴责，理由有以下三点。

(1)从法律的角度来看，教师的虐童行为严重触犯了我国的相关法律，甚至涉嫌犯罪。《中华人民共和国未成年人保护法》第二十七条规定："学校、幼儿园的教职员工应当尊重未成年人人格尊严，不得对未成年人实施体罚、变相体罚或者其他侮辱人格尊严的行为。"

(2)从职业道德的角度来看，教师的虐童行为不但违背了一般的伦理道德，更是违背了教师职业道德规范。《中小学教师职业道德规范》明确提出了六个要求：爱国守法、爱岗敬业、关爱学生、教书育人、为人师表和终身学习。

(3)从教育原则的角度来看，教师的虐童行为违背了尊重儿童人格尊严和合法权益的原则。

其二，我认为导致近些年来接二连三地出现幼儿园教师虐童事件的原因有以下几点。

(1)教师薪酬待遇低，导致心理危机感。

(2)教师质量参差不齐，职业道德规范差。

(3)相关部门监管失责，无证上岗现象严重。

(4)相关法律不健全，出现问题无法可依。

最后，关于如何解决幼儿园教师虐童事件，我提出如下应对策略。

(1)确保幼儿园教师得到合理薪酬，合理疏导幼儿园教师的心理。

(2)加强幼儿园教师师德教育，切实提高幼儿园教师的师德修养。

(3)加强幼儿园教师普法教育，使其了解未成年人人格与权益保护相关法律。

(4)注重幼儿园教师的培养质量，提高幼儿园教师职业准入标准。

(5)形成以政府为主导，家长、社会和幼儿园多方参与的监管制度，全方位切实保障幼儿的人格和权益。

案例 2　谁来赔偿“我”？

——幼儿意外伤害事故中的责任认定

案例描述

萌萌和飞飞是某幼儿园大班的同班小朋友。一日，教师王某带领幼儿到户外活动，在排队时，王某一再交代：“小朋友排队下楼梯时，不要拥挤、打闹。”下楼梯时，飞飞站在萌萌的背后，两人均在队尾，趁队伍行走拉开距离时，两人嬉闹，萌萌背飞飞时摔倒，导致飞飞的左股骨中段发生斜形闭合性骨折。

事故发生后，幼儿园及时送飞飞到医院治疗，飞飞住院两个月后临床愈合。飞飞住院期间共花去医疗费 5 680 元，飞飞的父母花去误工费、住宿费、医院伙食费、护理费、交通费及必要的营养费等 4 450 元。飞飞的父母与幼儿园及萌萌的父母就医疗费和赔偿问题多次进行协商，要求幼儿园及萌萌的父母赔偿上述费用共计10 130元。

萌萌的父母认为，萌萌入园意味着自己已经将萌萌及对其的监护责任托付给了幼儿园。萌萌在幼儿园时，自己作为法定监护人不可能直接行使监护人责任，只有幼儿园才能监护孩子，因此自己不应承担任何赔偿责任。幼儿园则提出，在孩子下楼梯之前老师已经一再强调“不要拥挤、打闹”，且事故发生之后幼儿园及时送飞飞到医院治疗，幼儿园主观和客观上都不存在过错，不应独自承担如此巨额的赔偿费用。因协议未果，飞飞的父母作为代理人，以幼儿园及萌萌的父母为被告提起诉讼，要求幼儿园及萌萌的父母赔偿医疗费、误工费等共计10130元。

问题：本案例中，到底谁应该承担幼儿伤害事故的法律责任？

——改编自戴双翔：《幼儿园意外伤害事故实例与分析》，载《平安校园》，2015(10)。

分析视角

1. 提炼案例主题，表明自己观点

由案例可知，这是一起典型的发生在教育教学活动中的幼儿意外伤害事故。本案例主要考查的就是在幼儿园幼儿意外伤害事故中法律责任的划分问题。就本案例而言，具有教育、管理和保护责任的幼儿园与具有监护权利主体资格的萌萌的父母均应承担相应的赔偿责任。

2. 明确理论要点，构建答题思路

(1)依法评析并明确萌萌监护人的主体资格及其应承担的赔偿责任。

根据《中华人民共和国民法典》《学生伤害事故处理办法》的相关规定，案例中飞飞的伤害直接由两名幼儿不遵守幼儿园纪律所致。因此，两名幼儿自身也应承担一定的责任。萌萌的父母作为萌萌的监护人，必须承担一定的赔偿责任。

(2)依法评析幼儿园的责任性质并明确其应承担的赔偿责任。

根据《中华人民共和国教育法》《中华人民共和国未成年人保护法》及《幼儿园管理条例》等法律法规的相关规定，幼儿园的保护职责与监护人的监护职责是不同的。萌萌的父母承担对萌萌的监护职责，幼儿园不应该承担监护不力的法律责任。依据相关法律，幼儿园在赔偿问题上实行的是过错原则。案例中，教师没有注意到幼儿排队下楼梯存在的安全隐患，且未采取有效的措施，说明幼儿园未完全尽到妥善管理幼儿的义务，在教育教学活动的管理中存在过失。因此，幼儿园应根据过错原则来承担相应的赔偿责任。

参考答案

由案例可知，本案例是关于两名幼儿在幼儿园的教学活动中因嬉戏打闹造成其中一名幼儿受伤而引发的关于赔偿问题的法律责任认定问题。

第一，关于萌萌的父母的赔偿责任认定问题。《中华人民共和国民法典》第二十七条规定："父母是未成年子女的监护人。"由此可知，即使孩子在幼儿园，监护人仍然是萌萌的父母，非因法定事由不得免除。同时，《学生伤害事故处理办法》第二十八条第一款规定，"未成年学生对学生伤害事故负有责任的，由其监护人依法承担相应的赔偿责任"。因此，我认为作为监护人的萌萌的父母需要承担相应的赔偿责任。

第二，关于幼儿园赔偿责任认定问题。一方面，根据《中华人民共和国教育法》《中华人民共和国未成年人保护法》及《幼儿园管理条例》等相关规定，幼儿园主要负有教育责任、管理责任和保护责任，不能与监护责任混为一谈。另一方面，最高人民法院《关于贯彻执行〈中华人民共和国民法通则〉若干问题的意见(试行)》第 160 条规定："在幼儿园、学校生活、学习的无民事行为能力人……受到伤害或者给他人造成损害，单位有过错的，可以责令这些单位适当给予赔偿。"案例中，虽然教师已提醒了幼儿，但未注意到队尾的安全隐患，显然幼儿园是存在过错的。综上所述，我认为幼儿园应承担一定的赔偿责任。

案例 3　不愿上学的东东

——受教育权是幼儿的一项基本权利

案例描述

东东今年 3 岁了，在社区内的一家私立幼儿园上学。东东由爷爷奶奶照顾，每天接送。刚开始，东东非常喜欢上幼儿园，每天都很开心，那里有玩具、有许多小朋友。可是，一个月以后，东东不愿意去了。爷爷经过反复询问和私下了解才得知，每次玩游戏时，许多小朋友嫌东东穿得又脏又破，都不愿意和他一起玩，而主班老师却坐视不管，有一次还说："你看你脏的，就不要参加游戏了……"性格内向的东东很少得到主班老师的关注，当然也很少有机会在活动中展示自己。渐渐地，东东没有了伙伴，也没有了老师的喜爱，就不愿意上学了。

问题：请从幼儿基本法律权利的角度分析案例中主班老师的教育行为。

分析视角

1. 提炼案例主题，表明自己观点

由案例可知，案例中主班老师的一系列行为和态度严重侵犯了东东的受教育权。本案例主要考查的是从幼儿基本法律权利的角度评析案例中主班老师的这一教育行为。就本案例而言，案例中主班老师严重侵犯了东东的受教育权，这一教育行为是错误的、不合理的。

2. 明确理论要点，构建答题思路

(1)表明观点，明确责任。

案例中，主班老师不仅没有制止和正确引导其他幼儿的行为，而且自己带头歧视东东，甚至不允许其参加游戏。主班老师和其他幼儿的态度与行为已经严重伤害了东东的自尊心和积极性，这些都与主班老师有着直接或间接的关系。因此，主班老师的教育行为是完全错误的、不合理的。

(2)依据《中华人民共和国教育法》正确评析主班老师的教育行为。

根据《中华人民共和国教育法》相关规定，受教育权是幼儿的一项基本权利，而且幼儿依法享有平等的受教育机会，这种平等包括受教育起点上的机会平等、受教育过程上的机会平等和受教育结果上的机会平等三个方面。而案例中主班老师正是没有尊重东东在受教育过程上的机会平等，这种做法明显侵犯了东东的受教育权，没有保障好其在受教育过程中机会平等的权利。

(3)强调教师依法执教的重要性。

要明确指出教师应依法维护幼儿的基本权利，强调依法执教，同时要努力践行教师职业道德。

参考答案

首先，我认为案例中主班老师的教育行为是错误的、不合理的。案例中的东东因为与主班老师直接或间接相关的一些原因而受到伤害，导致其不愿上学，在这个问题上，主班老师有不可推卸的责任。

其次，从幼儿基本法律权利的角度来看，我认为案例中主班老师的教育行为侵犯了东东的受教育权。《中华人民共和国教育法》第九条规定："中华人民共和国公民有受教育的权利和义务。公民不分民族、种族、性别、职业、财产状况、宗教信仰等，依法享有平等的受教育机会。"由此可知，受教育权是幼儿的一项基本权利，而且幼儿依法享有平等的受教育机会。然而，案例中主班老师不仅没有对其他幼儿排挤东东的行为采取积极的干预，而且自己因嫌弃东东而拒绝其参加游戏，也很少关注他。由此可见，主班老师完全没有保障东东在受教育过程中机会平等的权利。因此，这一系列教育行为足以说明主班老师严重违背了教育公平性原则，侵犯了东东的受教育权。

最后，我认为幼儿园教师要知法、懂法、守法，真正了解并自觉维护幼儿的基本权利，依法执教，关爱幼儿，真正促进幼儿身心健康和谐发展。这也是践行教师职业道德精神的必然要求。

任务三　学前教育政策与法规

本任务的知识点主要包括国家近些年颁布实施的一系列重要学前教育政策法规及其包含的重要教育理念，重点在于学习者学会运用这些政策法规及其重要的教育理念，分析和解决教育实践中遵循或违反相关政策法规精神与要求的实例。

案例 1　调到大班去

——《3—6 岁儿童学习与发展指南》中的学习与发展目标

案例描述

一名幼儿家长自主学习了《3—6 岁儿童学习与发展指南》，对照其中的各项发展指标，她感到自己的孩子各方面发展都很好，已达到大班孩子的发展水平，于是，她向幼儿园提出把自己孩子调到大班去。

问题： 作为老师的你，该如何处理？

分析视角

1. 提炼案例主题，表明自己观点

由案例可知，家长是因为自己觉得孩子的发展达到了《3—6 岁儿童学习与发展指南》的相应标准而想把孩子调到大班去。本案例主要考查的是幼儿园教师如何就“转班”问题与家长进行沟通并引导其做出正确的决定，提出科学的对策。就本案例而言，案例中家长的想法是不妥当的，但幼儿园教师需要在尊重、平等、合作的基础上与其进行沟通、协商，以解决好“转班”问题。

2. 明确理论要点，构建答题思路

(1)表明观点，并从政策、管理、幼儿身心发展等角度说明理由。

应该说，案例中家长的想法是不妥当的。这样做既不符合我国幼儿园教育的相关政策要求，也不利于幼儿园自身的有序管理，更违背了儿童发展规律而不利于其身心健康发展。

(2)多角度提出引导家长树立科学育儿观的应对策略。

在应对策略上，教师首先要在沟通态度上保持理性，努力做到耐心、倾听、理解和尊重，以便为后续进一步沟通交流奠定互信的良好情感基础。其次要通过家访、开放日制度和家长会等多种途径与家长深入交流，逐步引导家长转变观念，正确认知幼儿的发展现状，树立科学的教育观，从而形成教育合力，实现真正的家园共育，共同帮助幼儿身心健康和谐发展。

参考答案

我认为家长要求幼儿园把孩子调到大班去的做法是不对的，理由有三：(1)根据我国相关幼儿教育政策法规，幼儿达到相应年龄才可升入对应年龄班；(2)《3—6岁儿童学习与发展指南》中的发展指标只是普适性的参考依据，而非绝对标准，家长急于把孩子调到大班显得很不理智，有拔苗助长之意，违背了儿童发展的阶段性，不利于孩子身心的健康发展；(3)家长的这种做法也不利于幼儿园有序、有效地管理，容易造成幼儿园管理的混乱。

对于家长的要求，教师可采取如下对策。

(1)耐心听取家长的意见，不要急于做家长的思想工作，避免引起家长的抵触情绪。由案例可知，家长已经学习了《3—6岁儿童学习与发展指南》，对《3—6岁儿童学习与发展指南》和自己孩子的发展现状已经有了先入为主的观念和认识，教师若急于开导，容易与家长产生思想观念上的冲突，进而引发家长的不满情绪。

(2)对家长的想法表示理解和尊重，并适当肯定孩子的表现。“望子成龙、望女成凤”是人之常情，作为非专业学前教育工作者，家长未能正确理解《3—6岁儿童学习与发展指南》精神也是可以理解的，所以，教师不可歧视、嘲笑或批评，或者表现出不耐烦的情绪，而是要理解和尊重家长的想法。同时，教师可适当肯定其孩子在园的积极表现，拉近心理距离，增进互信。

(3)开展一次家庭访问，与家长进行一次深入、细致的沟通。家长认真学习《3—6岁儿童学习与发展指南》并想让孩子转到大班，足以说明其对孩子教育的重视。教师可认真对其家庭进行一次访问，既为了表示尊重和诚意，也是为了进一步平等、深入沟通，逐步引导家长转变观念，保持家园教育的一致性。

(4)鼓励家长利用开放日活动观察孩子在园表现，并引导其进行正确的横向与纵向对比。通过观察和对比，有利于让家长全面、客观地了解孩子在园的表现，正确认识孩子当前的实际发展水平。

(5)可定期组织开家长会，就家长们平日关心的教育类问题如生活技能与习惯培养、性格发展、学习、幼小衔接、转班等进行讨论和交流，普及和宣传科学的育儿理念与方法，提高家长们的育儿能力，共同帮助幼儿健康成长。

总之，教师在面对家长们提出的问题时，一定要本着尊重、平等、合作的原则，争取家长的理解、支持和主动参与，建立互信、互助的积极家园合作关系，共同帮助幼儿身心健康和谐发展。

案例2　环境也是“教育者”

——《幼儿园教育指导纲要(试行)》赋予幼儿园环境的重要意义

案例描述

《幼儿园教育指导纲要(试行)》明确指出：“环境是重要的教育资源，应通过环境的创设和利用，有效地促进幼儿的发展。”

问题：请结合幼儿园教育实际，谈一谈你对这句话的理解。

分析视角

1. 提炼案例主题，表明自己观点

由案例可知，幼儿园环境是重要的教育资源，能促进幼儿的发展，充当着另一种“教育者”的角色。本案例主要考查的是如何看待这样一个潜在的、隐性的“教育者”，它包括哪些具体资源、有何重要意义，又该如何创设等。

2. 明确理论要点，构建答题思路

(1)明确幼儿园环境的内涵。

幼儿园环境分为大环境和小环境两类。大环境是指广义上的幼儿园环境，包括幼儿园内部环境，也包括园外的家庭、社会、自然、文化等环境。小环境是指狭义上的幼儿园环境，即幼儿园内部环境，包括物质环境和精神环境两大类。幼儿园里的草木、活动室、玩(教)具以及各类人际关系、班风、管理制度与理念等环境要素都是蕴含着丰富教育价值的教育资源。

(2)阐明幼儿园环境创设的意义。

创设良好的幼儿园环境不仅是幼儿园的重要任务，更是促进幼儿身心全面发展的有效且重要的手段，其教育意义和发展意义是不言而喻的。环境本身就是一个活教材，它对幼儿成长的影响是潜移默化的、长期性的。教师应该积极创设并利用好幼儿园的环境，赋予其更多的教育价值，发挥其更多的教育功能，有效促进幼儿认知、情感、个性、社会性等方面的全面、和谐发展。

(3)强调幼儿园环境创设的基本要求。

为了真正实现环境的教育功能，必须遵循环境创设的基本原则，做到开放、经济、安全，保证环境与教育目标的一致性、发展适宜性和幼儿参与性。

参考答案

首先，狭义的幼儿园环境主要指幼儿园内部的小环境，是在幼儿园中对幼儿身心发展产生影响的物质与精神要素的总和。一般而言，幼儿园环境可以划分为物质环境和精神环境两种。幼儿园的物质环境包括花草、树木等自然资源，也包括活动室、户外活动场地、各种活动设施与材料等社会性环境资源。幼儿园的精神环境则主要指幼儿园中的各种人际关系及其营造的班风、园风等。

其次，良好的幼儿园环境的创设应包括幼儿园内外环境的优化，教师应该根据既定的教育目标，有目的、有计划地运用环境中的各种要素，创设出具有教育功能的环境。环境创设不仅是美化的需要，更是教育者实现教育意图的重要中介。教育者要把教育意图隐含在环境中，让环境去说话，让环境去引发幼儿应有的行为。具体而言，良好的幼儿园环境可以启发幼儿的智力，提高幼儿感受美、欣赏美的能力以及促进幼儿社会性的发展等。

最后，为了真正达到有效促进幼儿发展的目的，幼儿园环境不仅要凸显教育性和可控性两大显著特点，更要遵循环境与教育目标的一致性、发展适宜性、幼儿参与性、开放性、经济性和安全性等幼儿园环境创设的一般原则。

总而言之，幼儿园作为专业的学前教育机构，应把环境创设变成环境教育，并融入幼儿园日常的教育教学活动中去，以充分发挥幼儿园环境的教育价值，真正为促进幼儿身心健康和谐发展提供一切有利条件。

案例3　专业标准引领专业发展

——《幼儿园教师专业标准(试行)》给予专业发展的启示

案例描述

《幼儿园教师专业标准(试行)》是国家对合格幼儿园教师专业素质的基本要求，是幼儿园教师开展保教活动的基本规范，是引领幼儿园教师专业发展的基本准则，是幼儿园教师培养、准入、培训、考核等工作的重要依据。

问题：《幼儿园教师专业标准(试行)》的基本理念是什么？对幼儿园教师自身的专业发展有怎样的启示？

分析视角

1. 提炼案例主题，表明自己观点

由案例可知，《幼儿园教师专业标准(试行)》是一部专门关于幼儿园教师基本素质培养要求的政策法规。我们必须熟知《幼儿园教师专业标准(试行)》的基本理念，并以此为出发点来思考如何促进自身的专业发展，这就是本案例的主题。

2. 明确理论要点，构建答题思路

(1)指出《幼儿园教师专业标准(试行)》基本理念的具体内容并阐述其实践价值。

《幼儿园教师专业标准(试行)》的基本理念包括 4 个方面，并分专业理念与师德、专业知识、专业能力 3 大维度 14 个领域共计 62 个条款，对幼儿园教师应具有的专业素质提出了明确、具体的要求。它对各级教育行政部门、各类院校、幼儿园教师管理以及幼儿园教师自身专业发展都有着非常重要的实践参考价值。

(2)分析《幼儿园教师专业标准(试行)》对幼儿园教师自身专业发展的启示。

可以从“师德为先、幼儿为本、能力为重、终身学习”四个基本理念出发，分析和思考《幼儿园教师专业标准(试行)》对幼儿园教师自身专业发展的启示。具体来说，“师德为先”是对幼儿园教师职业道德素养的根本要求，“幼儿为本”是当前幼儿园教师应具有的科学学前教育观，“能力为重”则要求幼儿园教师具有专业的保教实践能力，“终身学习”更是新时代幼儿园教师专业发展的根本途径。这些都是对幼儿园教师自身专业发展提出的明确要求，幼儿园教师应深度领会，真正启发和引领自身的专业发展。

参考答案

首先，《幼儿园教师专业标准(试行)》的基本理念包括“师德为先、幼儿为本、能力为重、终身学习”四个方面。它不仅是各级教育行政部门进行幼儿园教师队伍建设的基本依据，而且是开展幼儿园教师教育的各类院校进行幼儿园教师培养培训的主要依据以及幼儿园进行教师管理的重要依据，更是幼儿园教师寻求自身专业发展的基本依据。

其次，“师德为先”是对幼儿园教师职业道德素养的根本要求，“幼儿为本”体现了当前幼儿园教师应具有的科学学前教育观，“能力为重”则要求幼儿园教师具有专业的保教实践能力，“终身学习”更是明确地提出了新时代幼儿园教师专业发展的根本途径。当前，“儿童是发展的、独特的、完整的个体”的观念以及“以儿童为中心”“因材施教”“保教并重”“家园共育”等思想已经成为主流的儿童观和教育观。处在信息化时代的教师也必须始终保持终身学习的理念，积极实践，吸纳新知识新思想。面对当前许多新的幼教理念，教师必须敢于实践、勤于反思、发现问题、修正错误，寻找最适合幼儿和自己的一种教育理念与模式。教师更是重要的社会成员，应当成为社会主义核心价值观的先锋践行者，率先垂范，将“爱国、敬业、诚信、友善”充分细致地落实到教育实践中去。

最后，基于上述分析，《幼儿园教师专业标准(试行)》对幼儿园教师自身专业发展有如下启示：(1)正确认识儿童和学前教育工作，树立科学的儿童观和教育观；(2)始终不断地加强学习，努力全面提升自己的专业素养；(3)敢于实践、勤于反思，在实践和反思中不断修正自我，加快自己的专业发展与成长；(4)以社会主义核心价值观为引领，在一日活动中充分践行教师职业道德精神。

总而言之，教师专业发展既是教育管理工作的外在要求，也是教师个人发展的内在需求，是一条需要长期坚守的道路。

真题展练

1. 徐某2005年从某幼儿师范学校毕业后，应聘到某民办幼儿园，担任小班主班老师。幼儿园实行封闭性管理，平时不能外出，教学任务很重，不过每月有3000元的收入，比公办幼儿园教师的工资高很多，这使她很欣慰。然而，随着寒假的到来，她才知道，幼儿园有一个规定：寒暑假期间不上课，每人每月仅发150元的生活费，这甚至低于当地最低生活标准。徐某很是不解，为什么公办教师可以带薪休假，而民办教师就不可以呢？

问题：请你从相关教育法律法规的角度评析案例中某民办幼儿园的做法。

参考答案

我认为案例中某民办幼儿园的做法是违法的，严重侵犯了教师的带薪休假权和获得报酬待遇权。根据《中华人民共和国教师法》第七条第四款规定，教师有“按时获取工资报酬，享受国家规定的福利待遇以及寒暑假期的带薪休假”的权利。而案例中，某民办幼儿园有一个规定：寒暑假期间不上课，每人每月仅发150元的生活费。也就是说，在寒暑假期间，某民办幼儿园每月只发给教师150元的生活费，并没有基本工资或其他津(补)贴，算是“无薪休假”。因此，根据《中华人民共和国教师法》的规定，我认为，案例中的某民办幼儿园侵犯了徐老师的带薪休假权和获得报酬待遇权，是违法行为。此外，《中华人民共和国教师法》第四条规定“改善教师的工作条件和生活条件，保障教师的合法权益，提高教师的社会地位。全社会都应当尊重教师”。由案例得知，每月150元的生活费甚至低于当地最低生活标准。显然，某民办幼儿园的做法不符合上述规定精神，没有充分尊重教师，致使其合法权益受到侵犯。

针对案例中的现象，我认为：(1)徐老师有权利向某民办幼儿园甚至该幼儿园所在地的教育行政机关提出申诉，自觉维护自身的合法权益；(2)某民办幼儿园要遵守《中华人民共和国教师法》相关规定，切实保障教师的合法权益，这也是稳定教师队伍、保障幼儿园长久发展的必要措施；(3)教育行政主管部门应当主动了解、严格要求，切实维护一线教师的合法权益。

2. 一班的轩轩小朋友在王老师组织活动时，一会儿玩从家里偷偷带来的机器人玩具，一会儿扯旁边女孩的头发，一会儿踢前面小朋友的屁股。王老师发现后，当众指责轩轩："本来就笨，还不听话。"还罚他不准参加接下来的户外体育游戏，于是轩轩哇哇大哭。巡视的刘园长听见了，赶紧上前搂抱轩轩，安抚他的情绪。离园时，家长看见轩轩眼睛红红的，就问怎么回事。轩轩还没开口，刘园长就迎上去向家长说明了此事并道歉。事后，刘园长严肃地批评了王老师，又耐心地指导她如何正确对待和处理孩子的问题。

问题：

(1)结合案例，分析刘园长是如何践行《中小学教师职业道德规范》的。

(2)运用相关教育法律规定，分析案例中王老师的行为。

——改编自中公教育教师资格考试研究院：《国家教师资格考试专用教材(2018 中公版)·综合素质·历年真题及标准预测试卷》，61 页，北京，世界图书出版公司，2012。

参考答案

(1)我认为案例中刘园长的做法很好地践行了《中小学教师职业道德规范》，具体理由如下：①刘园长对孩子的安抚和对家长的道歉体现了《中小学教师职业道德规范》中的"爱岗敬业"；②刘园长看到轩轩小朋友大哭，赶紧去搂抱他、安抚他，体现了《中小学教师职业道德规范》中的"关爱学生"；③刘园长严肃地批评了王老师，又耐心地指导她如何正确对待和处理孩子的问题，体现了《中小学教师职业道德规范》中的"为人师表"，做到了团结协作。

(2)从相关教育法律规定的角度看，根据《中华人民共和国未成年人保护法》和《中华人民共和国教师法》中的有关规定，案例中王老师的行为侵犯了幼儿的受教育权、发展权、参与权和人格尊严。《中华人民共和国未成年人保护法》第三条规定："国家保障未成年人的生存权、发展权、受保护权、参与权等权利。"第二十八条规定："学校应当保障未成年学生受教育的权利，不得违反国家规定开除、变相开除未成年学生。"而案例中的王老师罚轩轩不准参加接下来的户外体育游戏，这显然侵犯了轩轩的受教育权、发展权和参与权。此外，《中华人民共和国未成年人保护法》第二十七条规定："学校、幼儿园的教职员工应当尊重未成年人人格尊严，不得对未成年人实施体罚、变相体罚或者其他侮辱人格尊严的行为。"《中华人民共和国教师法》第八条规定，教师的义务之一是"关心、爱护全体学生，尊重学生人格，促进学生在品德、智力、体质等方面全面发展"。而案例中王老师当众指责轩轩："本来就笨，还不听话。"还罚他不准参加接下来的户外体育游戏，这显然是对轩轩的不尊重、不关爱，是一种变相体罚和侮辱人格尊严的行为。

3. 某幼儿园中班的孩子正在午睡，值日保育员柳某由于感觉很疲倦，就在寝室一张空的幼儿床上睡着了。幼儿小海想起床上厕所，但看不到保育员，一直憋着不敢起来，后来实在憋不住了，只好自己急急忙忙从床上下来准备去厕所。结果由于匆忙，一下子从床上摔下，被床边的椅子，磕破了头，又由于憋尿太久后摔倒在地，造成膀胱受损。柳某听到小海的跌倒声和哭声，立即起来，将小海送到医院救治。两个月后，小海痊愈出院了，小海的家长将幼儿园和柳某一并告上法庭，要求赔偿经济损失。

问题： 本案例中，到底谁应对这起幼儿伤害事故承担法律责任？根据幼儿生活，分析幼儿园常见事故类型。

参考答案

本案例是因保育员失职而导致幼儿伤害事故的法律责任认定问题。根据相关法律规定和本案例实际，我认为，应对这起幼儿伤害事故承担法律责任的是幼儿园。本案例中，虽然造成这起幼儿伤害事故的直接原因是保育员柳某没有认真履行职责，违反工作规程，存在过错，但是，根据《学生伤害事故处理办法》第九条第九项规定，学校教师在履行职责过程中违反工作要求、操作规程、职业道德或者其他有关规定而造成学生伤害事故的，学校应依法承担相应的责任。因此，我认为应由幼儿园承担这起幼儿伤害事故的法律责任。不过，根据相关法律和幼儿园的规章制度，幼儿园可以对保育员柳某的行为进行相应的行政处分，如降职、停职甚至解聘，同时，幼儿园赔偿后可向柳某追偿。为此，我提出如下两点建议：(1)幼儿园应要求教师提高安全防范意识，保证幼儿在其视线范围和安全范围内活动，履行好保护幼儿职责；(2)教师须明确各教育、保育工作环节的安全规程，园方要加强对教师履行职责情况的监督管理。

结合该案例，我认为幼儿园常见事故类型有以下几种。

(1)幼儿游戏时受伤。幼儿在活动中很难对自己的行为进行有效的控制，不小心绊倒、相互之间的碰撞以及其他伤害都是不可避免的。但教师如没有尽自己职业"谨慎"的义务，就很难证明自己是没有过错的。

(2)由于教学设施的原因引起。如滑梯、攀登架、小城堡、海洋球、蹦床、秋千、指压板等大型的玩具年久失修，存在安全隐患，一旦发生事故，幼儿园必须承担相应的责任。此外，幼儿园校舍中楼房占大多数，学生在教室、楼道、走廊内的安全和上下楼梯的安全，也是幼儿园需要保障的。

(3)幼儿走失。幼儿走失说明幼儿园管理失误，教师未尽看管之职，属严重事故。

(4)由于体罚和变相体罚幼儿引起的。体罚是指教师的行为造成幼儿身体损害。广义的体罚还包括变相体罚，如罚幼儿吃喝有害身体健康的东西。研究证实，挨打的幼儿常常情绪不稳定，缺乏自尊心。

(5)幼儿被他人接走。幼儿被他人接走可能是出于某种目的，会致幼儿于不利的境地。教师对来接幼儿的人要多留个心眼，不能给坏人可乘之机。

(6)外来人员的侵入。若幼儿园的门卫制度不严，外来人员容易趁人不备溜进幼儿园，造成不应有的损失。

4. 为更加科学地指导幼儿园和家庭实施保育和教育，促进幼儿身心全面和谐发展，2012 年 9 月，教育部颁布实施了《3—6 岁儿童学习与发展指南》。

问题：《3—6 岁儿童学习与发展指南》的基本框架是什么？在实施《3—6 岁儿童学习与发挥指南》过程中，幼儿园教师应注意把握哪些方面？

参考答案

第一，《3—6 岁儿童学习与发展指南》从健康、语言、社会、科学、艺术五个领域描述幼儿的学习与发展。每个领域按照幼儿学习与发展最基本、最重要的内容划分为若干方面。每个方面由目标和教育建议两部分组成。目标部分分别对 3—4 岁、4—5 岁、5—6 岁三个年龄段末期幼儿应该知道什么、能做什么、大致可以达到什么发展水平提出了合理期望，指明了幼儿学习与发展的具体方向；教育建议部分列举了一些能够有效帮助和促进幼儿学习与发展的教育途径与方法。

第二，在实施《3—6 岁儿童学习与发展指南》过程中，幼儿园教师应该注意把握以下几个方面。

(1)关注幼儿学习与发展的整体性。幼儿的发展是一个整体，要注重领域之间、目标之间的相互渗透和整合，促进幼儿身心全面协调发展，而不应片面追求某一方面或几方面的发展。

(2)尊重幼儿发展的个体差异。幼儿的发展是一个持续、渐进的过程，同时也表现出一定的阶段性特征。每个幼儿在沿着相似进程发展的过程中，各自的发展速度和达到某一水平的时间不完全相同。要充分理解和尊重幼儿发展进程中的个别差异，支持和引导他们从原有水平向更高水平发展，按照自身的速度和方式完成《3—6 岁儿童学习与发展指南》所呈现的发展“阶梯”，切忌用一把“尺子”衡量所有幼儿。

(3)理解幼儿的学习方式和特点。幼儿的学习是以直接经验为基础，在游戏和日常生活中进行的。要珍视游戏和生活的独特价值，创设丰富的教育环境，合理安排一日生活，最大程度地支持和满足幼儿通过直接感知、实际操作和亲身体验获取经验的需要，严禁“拔苗助长”式的超前教育和强化训练。

(4)重视幼儿的学习品质。幼儿在活动过程中表现出的积极态度和良好行为倾向是终身学习与发展所必需的宝贵品质。要充分尊重和保护幼儿的好奇心和学习兴趣，帮助幼儿逐步养成积极主动、认真专注、不怕困难、敢于探究和尝试、乐于想象和创造等良好学习品质。忽视幼儿学习品质培养，单纯追求知识技能学习的做法是短视而有害的。

项目三
幼儿教育基本原理

学习目标

1. 了解幼儿教育的含义和性质，领会并掌握幼儿教育的意义、目标及其任务，学会运用相关知识分析教育实践中有关幼儿教育基本内涵认识问题的实例。

2. 了解学前教育的特点，领会并掌握学前教育的一般原则和特殊原则，学会运用相关知识分析教育实践中有关凸显学前教育原则与特点问题的实例。

3. 了解幼儿园班级管理的含义、内容，领会并掌握幼儿园班级管理的方法、原则及其功能，学会运用相关知识分析教育实践中有关幼儿园班级管理问题的实例。

4. 了解幼儿园与家庭、社区合作的含义、意义，领会并掌握幼儿园与家庭、社区合作的内容、途径和原则等，学会运用相关知识分析教育实践中有关幼儿园与家庭、社区合作过程中的现象或问题。

5. 了解幼儿入小学不适应的常见现象及其原因，领会并掌握幼小衔接的意义、内容、策略以及幼儿园教育“小学化”倾向问题，学会运用相关知识分析幼小衔接教育实践过程中出现的各种教育现象或问题。

问题导入

近几年，在学前教育的快速发展中，人们对学前教育各方面的认识和态度也在悄悄发生转变。然而，仍有人甚至部分幼儿教育工作者存在着一些错误的、不科学的观念，这严重影响了学前教育的健康发展和整体质量的提升。有人认为“其实小孩上不上幼儿园无所谓”“教育是幼儿园的事情，与家长无关”等。当面对类似上述问题时，你是如何看待的，又有何解决策略或建议呢？

任务一　幼儿教育概述

本任务主要围绕幼儿教育的基本内涵展开，其中，幼儿教育的意义、目标和任务是案例分析测试中常见考点。学习者首先要理解并记住这些常见考点内容，其次要学会灵活运用有关知识点分析相关案例，注重解题思路的构建。

案例 1　天才计划

——幼儿园教育目标的内涵

案例描述

因升学竞争的现实，社会上流行一些“起跑计划”“天才计划”“天才培养计划”……某些家长和幼教机构也难以摆脱这种短视的社会现象，表现为重知识灌输、轻能力培养、轻人格因素培养等错误倾向。另外，一些幼儿园迫于家长压力或受经济利益驱动，办起绘画、钢琴等兴趣班和特长班。

问题： 请从我国幼儿园教育目标角度分析这一现象。

——改编自洪秀敏：《国家教师资格考试专用教材·保教知识与能力》，148 页，武汉，华中师范大学出版社，2012。

分析视角

1. 提炼案例主题，表明自己观点

由案例描述可知，本案例主要反映的是当前社会、家长和幼教机构的教育观念与我国总体教育方针政策和幼儿园教育目标之间的矛盾，主要考查的是如何从我国幼儿园教育目标的角度来看待这一矛盾。就本案例而言，案例中所谓的“天才计划”以及幼儿园中的兴趣班等现象完全违背了我国总体教育方针政策和幼儿园教育目标的精神实质，其做法是完全错误的。

2. **明确理论要点，构建答题思路**

(1)阐述我国幼儿园教育目标的内涵。

我国幼儿园教育目标是：对幼儿实施德、智、体、美等方面全面发展的教育，促进其身心和谐发展。这一目标体现了全面发展教育观和素质教育观两大教育理念。

(2)结合我国幼儿园教育目标的内涵评析“天才计划”现象。

促进学生全面发展是素质教育的基本内涵和实施要求，但全面发展不是平均发展。社会上流行的“天才计划”“起跑计划”等实质上主要就是针对幼儿某一方面的能力或技能进行专门强化训练的一种培训教育，是对素质教育和全面发展的曲解。此外，幼儿园教育对促进幼儿自身、家庭、社会等的发展具有不可替代的重要意义和价值，幼儿园举办兴趣班和特长班的做法违背了幼儿园教育的根本任务和目标，更失去了幼儿园教育的本来意义。

参考答案

我认为案例中所谓的“天才计划”以及幼儿园中的兴趣班等现象完全违背了我国总体教育方针政策和幼儿园教育目标的精神实质，其做法是完全错误的。理由如下。

(1)我国幼儿园教育目标是：对幼儿实施德、智、体、美等方面全面发展的教育，促进其身心和谐发展。该目标是完成幼儿园教育任务、提高幼儿园教育质量的重要指导思想，体现了幼儿全面发展教育的基本理念，更是国家实施素质教育的基本要求。在教育实施过程中要避免重智轻德、重知识技能轻能力情感的倾向，避免某一方面的孤立发展，要注重德、智、体、美诸方面的全面发展。同时，允许幼儿在某些方面突出一些，注重幼儿身心各方面的和谐与协调发展。

(2)社会上流行的“起跑计划”“天才计划”等实质上就是重智轻德、重知识技能轻能力情感等观念的具体体现。全面发展并非平均发展，素质教育也并非特长教育，这是人们对幼儿“全面发展”和“素质教育”的曲解。这种思想观念和做法是危险的，不仅不利于幼儿全面发展，而且会给幼儿其他方面的发展造成障碍，导致幼儿人格、社会适应能力等发展异常，培养出来的所谓“天才”也往往是存在身心缺陷的不完整的人。

(3)幼儿园教育对促进幼儿个体身体、认知、社会性和情感等方面健康、全面、和谐发展以及确保家庭幸福和维护社会稳定等具有重要意义和价值。同时，幼儿园兼具促进幼儿身心和谐发展和向家长提供科学育儿指导的双重任务。然而，当下一些幼儿园举办兴趣班和特长班的做法往往只是为了迎合家长的不合理需求或追求经济利益，完全忽视了幼儿自身全面发展的内在需求，丢失了幼儿园教育的本来意义，也违背了幼儿园教育的根本任务和目标，更让幼儿失去了快乐而有意义的童年。

案例2　要不要上幼儿园?

——幼儿园教育的意义

案例描述

目前，一些家长认为孩子在幼儿园里每天就是吃喝、睡觉、玩游戏等，老师们每天的主要工作就是照管孩子吃饭、睡觉、上厕所和安全等，很少教孩子写字、算术，感觉孩子学不到什么东西，上幼儿园的意义不大，还不如把孩子放在家里由自己或老人照管和教育。

问题：请从幼儿园教育意义的角度对案例中家长的观点进行评析。

分析视角

1. 提炼案例主题，表明自己观点

由案例可知，一些家长觉得孩子学不到东西，上幼儿园没意义。显然，这是一个关于幼儿园教育存在的意义和价值方面问题的案例。本案例重点考查的是如何阐明幼儿园教育的意义和价值。就本案例而言，一些家长的观点是极其不正确的，完全忽视了幼儿园教育本来的意义和价值。

2. 明确理论要点，构建答题思路

(1)明确表态，全面阐述幼儿园教育的意义。

对于案例中一些家长的观点，必须开门见山地表明自己的态度，即他们的观点是极其不正确的。紧接着，就要从对幼儿个体发展的意义和对教育事业、家庭与社会的价值两个方面阐述幼儿教育的意义与价值，以此来反驳家长的错误观点。狭义的幼儿教育即幼儿园教育，《幼儿园工作规程》明确指出："幼儿园是对3周岁以上学龄前幼儿实施保育和教育的机构。幼儿园教育是基础教育的重要组成部分，是学校教育制度的基础阶段。"幼儿园教育对促进个体、教育事业、家庭与社会的发展都有着极其重要的意义。

(2)总结观点，提出解决问题的若干建议。

家长因为孩子学不到写字、算术等所谓的"知识"而觉得孩子上幼儿园意义不大，这种观点是完全不正确的，必须坚持送幼儿上幼儿园的正确做法。同时，为解决案例中的问题，可以从教育主管部门和幼儿园等层面提出解决“入园难”“入园贵”以及家长错误的教育观念问题的策略。

参考答案

我认为案例中一些家长的观点是极其不正确的。幼儿期是人生发展的重要时期，这一时期所接受的环境和教育的影响将会对幼儿今后很长一段时间乃至毕生的身心健康发展起到不可替代的基础性作用。幼儿园教育对促进个体、教育事业、家庭与社会的发展都有着极其重要的意义：(1)促进幼儿生长发育，增强幼儿体质；(2)促进幼儿智力发展；(3)促进幼儿个性与社会性的发展；(4)促进幼儿创造力和美感的发展；(5)促进教育事业的发展；(6)对于家庭和社会具有价值。因此，真正的幼儿教育不是教会幼儿读写算等知识技能，而是注重其兴趣、习惯、生活与社交技能等方面的发展。所以，案例中一些家长因孩子在幼儿园学不到所谓的“知识”而觉得孩子不用上幼儿园的观点是完全不正确的。幼儿园教育是不可或缺的教育阶段，还是要坚持送幼儿上幼儿园，让幼儿有一个完整、快乐的童年。

针对案例中的问题，我提出如下建议。

第一，政府继续加强幼儿园建设与管理，尤其是农村幼儿园的新建和改扩建，切实解决好“入园难”“入园贵”的问题，保证城乡孩子都有幼儿园可上。

第二，教育主管部门和幼儿园继续加强科学幼教理念的宣传和普及，逐步从思想观念上改变人们陈旧、落后的错误教育理念，努力搞好家园合作和园区合作，真正提高幼儿园教育的质量，促进幼儿身心健康和谐发展。

任务二　幼儿教育的原则与特点

本任务主要阐述了学前教育中的一般原则和特殊原则及学前教育的特点。其中，学前教育的一般原则和特殊原则是案例分析中的重要考点。在本任务学习过程中，学习者必须熟练掌握这些知识点，同时要学会灵活运用，避免死记硬背、机械照搬。

案例1　尿床的乐乐

——教育的一般原则

案例描述

起床了，孩子们各自做着自己的事情。这时乐乐走到我身边，很不好意思地对我说："李老师，我出汗了。"看到他那紧张的样子，我马上意识到，他可能是尿床了，但又不好意思对老师说。我随他来到床前，看到被子确实湿了好大一片。我安慰他说："出汗了没关系，一会儿我帮你把被子晾干了就行了。你先去尿尿。"过了一会儿，我悄悄地把他带到无人的消毒室里，帮他换上了干净的裤子，他腼腆地笑着对我说："谢谢李老师！"

问题：以上案例中李老师的做法好吗？体现了什么教育原则？该案例给我们什么样的启示？

——改编自《〈学前教育原理〉课程教学案例集》。

分析视角

1. 提炼案例主题，表明自己观点

由案例可知，本案例考查的是教育的一般原则，要求我们从教育原则的角度评析案例中李老师对待乐乐尿床问题的一系列态度和做法。就本案例而言，案例中李老师的做法是完全正确的。

2. 明确理论要点，构建答题思路

(1)从教育的一般原则的角度评析李老师的做法。

案例中，在乐乐告诉李老师自己"出汗了"时，李老师表现出了良好的教育敏感性和冷静的态度，她的第一反应并不是责骂、生气或者嘲笑，而是安慰乐乐。随后，李老师又悄悄帮乐乐换上干净的裤子。这一系列做法无不体现出李老师对乐乐的尊重和关爱，充分地保护了乐乐的自尊心。从教育的一般原则的角度来看，李老师的做法体现了尊重幼儿人格尊严和合法权益的原则，是非常正确合理的。

(2)从上述原则角度提出该案例给予我们的两点启示。

李老师之所以能够保持教育的敏感性和冷静的态度，做到尊重和关爱幼儿，得益于两点：一是李老师对幼儿的心理发展规律和特点比较了解；二是李老师作为一名专业幼儿教育工作者具备了良好的职业道德素养。这种科学施教和关爱幼儿的良好职业素养也正是案例给予我们的两点启示。

参考答案

第一，我认为案例中李老师的做法完全正确，其体现了尊重幼儿人格尊严和合法权益的教育原则。幼儿期是幼儿自我体验开始发展的时期，自尊感、内疚感等高级社会情感开始发展，并且自尊感等自我体验具有易受暗示的特点，成人的情绪反应会直接影响到幼儿的自我评价和自我体验。案例中，李老师没有戳穿乐乐尿床的真相，而是安慰乐乐并悄悄帮助其换好裤子。李老师的这种积极的情绪反应和悄悄帮乐乐换好裤子的做法，让乐乐感受到了李老师对他的关爱和尊重，使他的自尊心得到维护，这对乐乐今后身心的健康发展至关重要。

第二，我认为该案例给了我们如下启示。

(1)幼儿园教师要充分了解幼儿身心发展的特点，尊重幼儿身心发展的规律，做到科学施教。幼儿正处于自我意识发展的关键期，其自我评价主要依赖于成人，自我体验开始发展，高级的社会情感开始出现，且具有易受暗示的特点。案例中的李老师正是认识到这一点，才表现出了冷静的心态和安慰的举动，做到了尊重和关爱幼儿，保护了乐乐的自尊心，实现了科学施教的目的。

(2)幼儿园教师要充分尊重幼儿、关爱幼儿，树立崇高的职业道德，保护幼儿身心健康可持续发展。这是幼儿教育工作的首要原则，更是幼儿园教师职业道德规范的要求。案例中的李老师不仅没有当众戳穿乐乐尿床的事情，而且还安慰他并帮他换上干净的裤子，这种做法非常好地诠释了关爱和尊重幼儿的崇高的职业道德精神。

案例2　小手能洗干净了

——学前教育的特殊原则

案例描述

经过长时间的教育，我发现班上大部分孩子洗手的方法还是不正确，手总是洗得不干净。我们几位老师看在眼里，急在心里。于是，我让孩子们相互看看、摸摸自己和别人的手，比比谁的手干净，并让孩子们总结洗手的“小诀窍”。有的孩子说“要用肥皂搓，再用水冲干净”，有的说“洗手时要卷起袖子，不然会把衣服弄湿的”。我搬来了娃娃家的“脸盆”“肥皂”“毛巾”等，请孩子们学习并练习洗手的正确步骤：卷袖子，打开水龙头冲一下手，用肥皂搓手心和手背，用水冲干净，最后用毛巾擦干水。为了帮助孩子们牢固地掌握正确的洗手方法，我还画了洗手的小图标，编上1，2，3，4，5，并附上简单的说明文字，将其贴在洗手池上方的墙上。终于，孩子们都能按正确的步骤洗手了。

问题：案例中老师的做法对吗？遵循或是违背了学前教育的哪些原则？

——改编自中公教育教师资格考试研究院：《国家教师资格考试专用教材(2017 中公版)·保教知识与能力·历年真题及标准预测试卷》，178 页，北京，世界图书出版公司，2012。

分析视角

1. 提炼案例主题，表明自己观点

由案例可知，本案例考查的是学前教育的特殊原则，要求我们从学前教育特殊原则的角度评析该案例中老师的保教行为。就本案例而言，老师在教会幼儿正确洗手的问题上，通过让孩子们自己总结洗手的“小诀窍”、玩娃娃家的游戏以及在洗手池上方张贴洗手小图标等一系列方式实现了“学会洗手”的保教目标，所以，案例中老师的做法是正确的。

2. 明确理论要点，构建答题思路

(1)表明观点，从学前教育特殊原则的角度评析案例中老师的做法。

案例中的老师在发现班级里的大部分幼儿不会洗手的问题以后，虽然很着急，但还是采取了冷静、科学的教育态度与方式，并最终实现了教会幼儿正确洗手的教育目标。所以，案例中老师的做法是完全科学、正确的。具体而言，我们可以从保教结合的原则、以游戏为基本活动的原则、教育的活动性和直观性原则以及生活化和一日活动整体性的原则来详细分析案例中老师的一系列教育态度与行为。

(2)适当延伸，提出该案例的教育启示。

从上述分析可以看出，案例中老师的做法充分体现和遵循了学前教育的特殊原则。认清并遵循教育的一般规律、学前教育的特殊原则以及幼儿身心发展的规律，贯彻科学施教和因材施教的教育理念，是本案例给予我们的最大启示。

参考答案

我认为该案例中老师的做法是正确的。案例中，洗手是幼儿园一日生活活动中的盥洗活动，属于幼儿园保教活动中的保育工作内容，其目的是让幼儿保持手的干净。但案例中的老师并没有单纯地为了实现该保育目标而实行包办代替，而是通过让幼儿自己总结洗手“小诀窍”、做游戏和张贴洗手图标等方式引导其自主学会正确的洗手方法，真正做到了“保中有教、教中有保”。老师搬来了“脸盆”“肥皂”“毛巾”等，让幼儿玩起了娃娃家的游戏，在愉快轻松的氛围中练习洗手的正确步骤。这种做法凸显了以游戏为基本活动的理念。再者，案例中的老师并没有斥责幼儿，而是组织了“看一看、摸一摸、比一比、说一说”以及娃娃家的游戏等活动，在实践活动中引导幼儿学习洗手。与此同时，老师通过在洗手池上方的墙上张贴洗手图标这种直观、形象的途径来引导幼儿掌握正确的洗手步骤。此外，在实现教会幼儿正确洗手的目标的整个教育过程中，老师都是利用孩子们在园的一日生活活动，如盥洗活动、自由活动，并且洗手虽属于幼儿园健康领域的活动内容，但案例中的老师让孩子们“说一说”，在墙上张贴含有数字、文字的反映正确洗手步骤的图标，这很自然地将健康领域与语言领域、科学领域在目标与内容上进行了很好的融合和相互渗透。由此可知，案例中的老师面对幼儿不会洗手的问题，保持着冷静、关爱的态度，采取游戏、观察、操作等一系列科学、合理的方法，通过积极引导，利用一日生活活动的各个环节，逐步帮助幼儿学会了洗手的生活技能和养成了勤洗手的良好卫生习惯。归纳起来，案例中老师的做法充分体现和遵循的学前教育特殊原则有：①保教结合的原则；②以游戏为基本活动的原则；③教育的活动性和直观性原则；④生活化和一日活动整体性的原则。总而言之，案例中老师的做法是正确的、科学的、成功的。

我认为该案例在如何真正提高幼儿园的保教质量上给了幼儿园教师两点启示：①幼儿园教师在教育实践中要认清并遵循教育的一般规律和学前教育的特殊原则，科学施教；②幼儿园教师要认清并遵循幼儿身心发展的规律，尊重其主体地位，因材施教。

任务三　幼儿园班级管理

本任务主要包括幼儿园班级管理的含义、内容、方法、原则和功能等知识点的学习，重点在于学习者要学会运用幼儿园班级管理的方法、原则和功能，对幼儿园班级管理实践中的问题进行分析，提出合理化的解决问题的措施或建议。

案例 1　“头疼”的张老师

——幼儿园班级管理的方法

案例描述

今年大学刚毕业的小张幸运地考入了当地的一所幼儿园，成为一名幼儿园老师。小张老师刚上任就开始担任中(一)班的主班老师，充满期待的她热情工作、满怀激情。可是，好景不长，班级里陆续出现了一些问题，例如，一些幼儿上课时经常离开座位，一些幼儿喜欢争抢他人的玩具，一些幼儿玩过玩具或看过图书后不能收好和放回原位等。小张老师习惯性地采用指挥、命令甚至喊叫的方式让孩子们安静、守纪，然而效果甚微，自己也疲惫不堪，这让她头疼不已。

问题：请从幼儿园班级管理的角度，结合案例思考小张老师的方法为何无效？如果你是小张老师，你会如何处理？

分析视角

1. 提炼案例主题，表明自己观点

由案例可知，幼儿离开座位、争抢玩具和不能收好玩具或图书等行为时有发生，而小张老师并没有处理好这些问题。显然，该案例考查的主要是幼儿园班级管理方法的问题。就本案例而言，缺乏对幼儿的了解和管理方法不当是导致小张老师的方法无效的主要原因。

2. 明确理论要点，构建答题思路

(1)分析小张老师班级管理效果甚微的原因。

根据案例描述，我们可以从缺乏对幼儿的了解和管理方法不当等方面剖析小张老师班级管理效果甚微的原因。小张老师对中班幼儿的心理发展特点了解不够，把班级管理问题想得过于简单，简单粗暴的方法不利于良好师幼关系的建立和良好活动氛围的形成。同时，教师的命令和喊叫容易成为幼儿模仿学习的对象，其表现出的消极情绪也容易感染到幼儿，这就无形中养成了幼儿各种不良的行为习惯，还容易造成恶性循环的班级局面。这就是为什么小张老师“拼命”教育孩子们却没有取得应有效果的原因。

(2)从班级管理的角度提出解决班级管理问题的具体措施。

由上述原因分析可知，我们可以从班级管理方法的角度分析提高管理效果的具体措施。作为一名新老师，小张老师需要加强自我学习，全面掌握班级管理的正确方法，其主要有规则引导法、情感沟通法、互动指导法、榜样激励法和目标指引法五种，每一种方法的使用都要把握要点，而且要善于综合灵活地运用多种方法，不能仅靠某种单一的方法，更不能生搬硬套、机械模仿。

参考答案

我认为案例中的小张老师遇到的问题属于班级管理方面的问题。通过案例可知，小张老师对工作充满热情，却因方法不当，没能妥善处理好幼儿的各种行为习惯和常规遵守问题。中班幼儿正处于活泼好动的发展时期，但自制力发展又远未成熟，无法有效地自我控制，常常违反班级规则，所以才容易出现案例中提到的经常离开座位、争抢玩具和不能收好玩具或图书等行为习惯和常规遵守问题。

显然，小张老师对中班幼儿的心理发展特点了解不够，解决措施又简单粗暴，再加上经验不足等原因，其方法当然不会收到良好的效果。

如果我是小张老师，我打算采取如下措施来处理。

(1)自我调整。主动消除或减轻焦虑紧张的情绪，调整好心态，树立信心和希望，继续保持工作热情和良好态度。

(2)自我反思。正确认识自我并客观、全面看待自己在班级管理方面出现的问题。

(3)自觉学习。通过自觉学习掌握班级管理的方法，努力提升班级管理的质量。班级管理的正确方法主要有规则引导法、情感沟通法、互动指导法、榜样激励法和目标指引法五种。其中，规则引导法是幼儿园班级管理中最直接、最常用的方法，在运用时需要注意三个要点：一是规则的内容要明确且简单易行；二是要提供给幼儿实践的机会，使幼儿在活动中掌握规则；三是教师要保持规则的一贯性和一致性。此外，作为新教师，我还应该保持谦虚、谨慎的心态，主动向骨干教师请教学习，在他们的帮助和指导下努力提升自己的教学水平和管理能力。

总而言之，班级管理是一项复杂的综合性、全面性的工作，涉及保育和教育两大块，需要遵循主体性、整体性、参与性和高效性原则，灵活综合运用多种方法提高班级管理质量，实现保教目标，促进幼儿身心健康和谐发展。

案例2　告状行为少了

——幼儿园班级管理的原则与方法

案例描述

在幼儿园里，每天都有一些磕磕碰碰的事情发生，来告状的孩子也真不少。为了使班级里少发生告状的事情，我引导小朋友在班级里制定出一份规则。经过小朋友们的讨论，最后制定出以下规则并用不同的图形表示：“床”图形代表午睡不乖；“拳头”图形代表打人、推人；“书本”图形代表撕毁图书、扔图书、卷图书；“人”图形代表躺在地上；“嘴巴”图形代表骂人、午餐时说话或者说不团结的话；“椅子”图形代表午睡、放学没放好小椅子，乱推椅子，上课在椅子上坐不住；“脚”图形代表课间追跑、踢人以及上下楼梯、去洗手间时的追跑现象。

自从这个规则在班级实施以后，每天有一个小老师在观察记录着，起初被记录违反规则的孩子仍然不少。一方面，对于遵守规则的孩子，我给予奖励，并在班级里作为榜样来鼓励其他孩子；另一方面，对于经常违反规则的孩子，我则选择耐心沟通和积极鼓励的方式引导他们。就这样，在小老师与我的提醒和帮助下，打人、追跑、大声喧哗的现象逐渐减少，孩子们逐渐自觉起来了，告状现象也就越来越少了。

问题： 请你从班级管理的角度对案例中老师的班级管理行为进行评析。

分析视角

1. 提炼案例主题，表明自己观点

由案例可知，通过一系列措施，孩子们逐渐自觉起来，告状现象越来越少。本案例主要考查的是从班级管理方法与原则的角度对案例中老师的班级管理行为进行评析。就本案例而言，案例中的老师采取了一系列措施，最终实现了告状现象越来越少的目标。我认为其班级管理行为是合理的、有效的、正确的。

2. 明确理论要点，构建答题思路

(1)从班级管理原则的角度加以评析。

案例中，老师让幼儿讨论、共同制定规则并监督实施，在面向全班幼儿进行班级管理的同时，也能深入到幼儿的具体活动中并平等、民主地对待幼儿，还采取了一系列科学、合理的方法，最终实现了教育目标，贯彻了主体性、整体性、参与性和高效性的管理原则。

(2)从班级管理方法的角度加以评析。

就本案例而言，老师利用规则并通过树立榜样的方式来引导幼儿学习，以及耐心与其沟通和鼓励他们。这一系列做法正是老师恰当地运用了规则引导法、榜样激励法和情感沟通法等班级管理方法的具体表现。

参考答案

由案例可知，一开始告状的行为非常多，班级显得比较混乱，在老师采取了一系列的措施后，情况有了较大改观。因此，我认为案例中老师的班级管理行为是合理的、有效的、正确的。具体如下。

第一，从班级管理的方法来看，案例中，老师先是引导幼儿通过讨论共同制定规则并在班级实施，以此来规范幼儿的行为。然后在面对个别不听话的幼儿时，老师能耐心地与其沟通并鼓励他们，利用师生之间、幼儿之间以及幼儿对幼儿园的情感来感染和影响幼儿。老师还以班级中表现好的幼儿为榜样来激励其他幼儿。这一系列做法逐步地使幼儿自觉起来，学会积极地遵守规则，起到了良好的班级管理与教育效果。这正是老师恰当地运用了规则引导法、榜样激励法和情感沟通法等班级管理方法的具体表现。

第二，从班级管理的原则来看，案例中的老师充分发挥幼儿的主体地位，鼓励他们自己通过讨论共同制定规则，很好地处理了管理者与被管理者即教师与幼儿之间的关系。其制定的规则是面向全班幼儿的，对于仍违反规则和捣乱的幼儿也能够进行个别引导和教育。同时，案例中的老师并没有以高高在上的管理者的身份强制管理班级，而是积极地参与到幼儿的活动中，以平等、民主的方式对待幼儿。这一系列的做法科学合理、目标明确、效果显著，班级面貌焕然一新。因此，我认为案例中老师的班级管理行为充分体现了主体性、整体性、参与性和高效性的管理原则。

总而言之，案例中的老师在班级管理上的做法是正确、合理的，值得幼儿园教师学习和借鉴。

任务四　幼儿园与家庭、社区的合作

本任务主要包括家园合作和园区合作的含义、内容、方式、原则、意义、问题与误区等方面的学习，重点在于学习者要学会运用家园合作和园区合作的内容、方式、原则对幼儿园与家庭、社区合作的实践过程中出现的各种问题进行分析，并提出合理化的解决问题的措施或建议。

案例 1　齐齐的妈妈不高兴了

——家园合作的原则与方式

案例描述

一天，齐齐的妈妈到幼儿园接齐齐时，看到齐齐一个人穿衣服和鞋子，而老师却站在一旁看着。她很不高兴，带着齐齐转身就离开了。

问题：请从家园合作相关理论的角度阐述如何与齐齐的妈妈沟通。

分析视角

1. 提炼案例主题，表明自己观点

由案例可知，齐齐的妈妈与教师在如何教育孩子这个问题上存在根本性的教育观念上的矛盾。因此，本案例实际上考查的是幼儿园教师如何与齐齐的妈妈就教育孩子这个根本问题进行沟通。就本案例而言，教师应该本着尊重、平等、合作的原则，积极采取多种家园沟通策略协调解决好该问题。

2. **明确理论要点，构建答题思路**

(1)澄清观点，表明态度。

现在大多数孩子是独生子女，作为家长的齐齐的妈妈“不高兴”的情绪是可以理解的。然而，根据《幼儿园教育指导纲要(试行)》的文件精神，教师让孩子自己穿衣服和鞋子的做法正是鼓励幼儿自理、自立，所以，案例中教师的做法是合理的、可取的。

(2)指出与齐齐的妈妈沟通的基本原则。

根据《幼儿园教育指导纲要(试行)》的相关规定，“尊重、平等、合作”是教师与齐齐的妈妈沟通的基本原则。

(3)根据原则提出家园沟通的具体策略。

根据“尊重、平等、合作”的家园沟通原则，通过家长开放日和家庭访问等家园沟通方式，积极、主动地与齐齐的妈妈进行沟通和交流，耐心、谦虚地听取建议，深入、平等地交换意见，消除分歧和矛盾，争取家长的理解、支持和主动参与，努力达成教育思想与观念上的统一和一致。

参考答案

第一，“生活、卫生习惯良好，有基本的生活自理能力”是《幼儿园教育指导纲要(试行)》在健康领域设定的教育目标之一，且该纲要还明确指出“既要高度重视和满足幼儿受保护、受照顾的需要，又要尊重和满足他们不断增长的独立要求，避免过度保护和包办代替，鼓励并指导幼儿自理、自立的尝试”。案例中教师的做法实际上是在鼓励幼儿学会自己做一些事情，有意培养幼儿的生活自理能力。因此，我认为案例中教师的做法是合理的，符合《幼儿园教育指导纲要(试行)》的教育精神与要求。同时，家长可能出于溺爱心理，对教师的做法不理解而感到不高兴，从情理上讲也是可以理解的。

第二，《幼儿园教育指导纲要(试行)》明确指出：“家庭是幼儿园重要的合作伙伴。应本着尊重、平等、合作的原则，争取家长的理解、支持和主动参与，并积极支持、帮助家长提高教育能力。”因此，面对齐齐的妈妈，教师要保持诚恳、友善、耐心的态度，并遵循“尊重、平等、合作”的原则，积极主动地与其沟通。

第三，关于如何与齐齐的妈妈沟通，我提出如下策略。

(1)适当地向齐齐的妈妈表达歉意，并对其想法表示理解和尊重，以尽量消除她的抵触情绪和拉近心理上的距离，为接下来进一步的交谈奠定基础。

(2)“坐下来”交谈。先向齐齐的妈妈耐心说明和肯定齐齐在幼儿园一日生活中各个环节的良好表现，同时主动与其互动交流，就幼儿教育问题进行“切磋”，表示愿意与其继续合作、加强沟通，为共同促进齐齐身心更加健康和谐地发展而努力。

(3)邀请齐齐的妈妈参加幼儿园的家长开放日活动，使其客观、全面地了解幼儿园日常教育教学活动和幼儿在园的一日生活，并利用家长开放日活动引导其理解、接受幼儿园的教育理念，甚至支持和主动参与幼儿园的教育活动。

(4)必要时可对齐齐进行一次家庭访问，进一步增进了解和互信，继续表达强化家园合作共育的希望，努力达成家园合作共育的具体内容和方式，坚持家园合作共育的一致性，共同促进齐齐身心健康和谐发展。

案例 2　真拿“你们”没办法

——家园合作的相关理论

案例描述

星期一，A 老师埋怨道：“孩子在家过了一个双休日，再回到幼儿园后，许多良好的行为习惯就退步了，不认真吃饭，乱扔东西，活动时喜欢说话，真不知孩子在家时，家长是怎么教育的！”站在一旁的 B 老师颇有同感地说：“是啊，如果家长都能按我们的要求去教育孩子，我们的工作就好做多了！”A 老师接着说：“可这些家长不按我们的要求去做倒也罢了，还经常给我们提这样那样的意见，好像我们当老师的还不如他们懂得多，真拿这些家长没有办法……”

问题：请运用幼儿园与家庭相互配合的有关理论，分析和评论 A、B 老师的教育观点。

——改编自中公教育教师资格考试研究院：《国家教师资格考试专用教材(2017 中公版)·保教知识与能力·历年真题及标准预测试卷》，27 页，北京，世界图书出版公司，2012。

分析视角

1. 提炼案例主题，表明自己观点

由案例可知，案例中的 A、B 两位老师对家长的做法感到很不满。本案例考查的是如何从家园合作的角度对案例中 A、B 老师的看法和态度进行评析。就本案例而言，A、B 两位老师一直只强调家长的原因，而其理由是片面的、不充分的。因此，A、B 两位老师的教育观点是不合理、不正确的。

2. **明确理论要点，构建答题思路**

(1)从家园合作内涵的角度评析 A、B 两位老师的教育观点。

案例中，A、B 两位老师的说法明显割裂了幼儿园教育与家庭教育的紧密伙伴关系，似乎幼儿教育主要是家长的责任。他们并没有真正把家长看成自己的合作伙伴，只是一味指责和埋怨，这显然不符合家园合作的基本理念与原则，也忽视了幼儿园在幼儿教育中的主导作用。

(2)从家园合作意义的角度评析 A、B 两位老师的教育观点。

案例中，A、B 两位老师一味地指责家长，有明显的推卸责任之嫌，完全不符合当前家庭、学校、社会“三位一体”大教育观的教育理念，更反映出 A、B 两位老师对主动做好家园合作工作持轻视的态度，对家园合作的意义不理解、不重视。

参考答案

我认为案例中 A、B 两位老师所描述的现象虽然在现实中部分存在，但其描述所反映出的教育观点是片面的、错误的。理由如下。

(1)从家园合作的内涵来看，家园合作是指幼儿园和家长都把自己当作促进儿童发展的主体，双方积极主动地相互了解、相互配合、相互支持，通过幼儿园与家庭的双向互动，共同促进儿童的身心发展。《幼儿园教育指导纲要(试行)》指出，“幼儿园应与家庭、社区密切合作，与小学衔接，综合利用各种教育资源，共同为幼儿的发展创造良好的条件”，“家庭是幼儿园重要的合作伙伴。应本着尊重、平等、合作的原则争取家长的理解、支持和主动参与，并积极支持、帮助家长提高教育能力”。

(2)从家园合作的意义来看，家园合作是幼教工作的重要组成部分，对于从家庭环境进入迥然不同的集体环境的新入园幼儿来说，家园合作就显得尤为重要。一方面，家园合作有利于家长资源的充分利用；另一方面，家园配合一致能促进幼儿健康和谐发展。

综上所述，幼儿园和家长都是家园合作的主体，且幼儿园应起主导作用。同时，家园合作对幼儿身心健康发展的促进意义是极其重大的。而案例中 A、B 两位老师不仅否认了幼儿园与家庭的密切合作伙伴关系、否定了幼儿园和家长均是幼儿的教育主体和幼儿园的主导作用，更轻视了家园合作的重要意义，也完全违背了“尊重、平等、合作”的原则。因此，我认为其观点是片面的、错误的。

案例3　新农村里的幼儿园

——园区合作的意义与方式

案例描述

某城市坚持把农村新型社区建设作为推进新农村建设、统筹城乡发展的重大举措来抓，进一步改善了农村居民住房条件和生活环境，推动了基层农村的和谐稳定与发展。他们在建设新型社区的同时，配套同步建设新型农村社区服务中心。农村社区服务中心规划设有“一园一校一场”，即幼儿园、居民学校和文化健身广场。

问题：请结合相关教育原理分析当前如何加强幼儿园与社区的合作。

——改编自《2014年幼儿教师招聘考试模拟试卷及答案》。

分析视角

1. 提炼案例主题，表明自己观点

由案例可知，新农村建设的推进催生了小区配套幼儿园的建设，这对于加强幼儿园和社区的合作提供了强大的物质基础和支持。本案例主要考查的是如何加强幼儿园与社区的合作。就本案例而言，加强园区合作意义重大，需要通过“请进来”和“走出去”两个途径。

2. 明确理论要点，构建答题思路

(1)阐明园区合作的意义，明确加强园区合作的责任和义务。

园区合作早已是世界学前教育发展的大趋势，只是在我国起步较晚，对于我国幼儿教育事业、幼儿自身以及社区教育发展等方面具有重要意义。在我国新农村建设的大背景下，我们更应该抓住发展机遇，充分利用社区资源，努力搞好幼儿教育工作。这是幼儿教育机构和教师义不容辞的责任和义务。

(2)从“请进来”和“走出去”两个角度阐述加强园区合作的方式。

从幼儿园的角度来说，存在一进一出两种基本的园区合作方式，即“请进来”和“走出去”。“请进来”就是要把社区的教育资源直接或间接地融合到幼儿园的教育教学活动中去；“走出去”就是要把幼儿园的教育资源带到社区并与其优势资源相结合，实现互补，并利用幼儿园自身的专业优势助推社区学前教育质量的提升。其作用都是有效地促进幼儿身心健康和谐发展，这也是幼儿园教育的根本任务。

当前，幼儿园与社区合作仍然是一个新课题、新挑战，是摆在我国幼儿教育工作者面前的一项艰巨而长远的任务。幼儿园与社区合作是“三位一体”大教育观的具体体现，是顺应时代教育发展的必然要求，是适应世界幼儿教育事业发展和我国幼儿教育现实的需要，也是适应幼儿自身发展和社区教育发展的需要，其意义是重大的。因此，新时代的幼儿教育机构和幼教工作者应该主动作为，积极开展与社区的合作。通过案例可知，现在农村也逐步实现社区化管理，社区内的各种条件和资源更加完善、丰富，“一园一校一场”规划使得每个社区都有自己的幼儿园。社区范围内的幼儿园拥有得天独厚的资源优势，应充分利用社区资源开展好园区合作、搞好幼儿教育工作，其方式有两类。

(1)“请进来”的方式，即幼儿园根据自身教育的需要利用社区资源。具体包括：①请社区里的人员为孩子开展活动。例如，邀请社区医生来园为孩子们普及健康知识。②利用社区里的景物和设施教育孩子。例如，社区图书馆是孩子们最好的去处之一。③利用社区开展的活动和日常发生的事情教育幼儿。例如，社区组织的植树活动、文明交通活动等。

(2)“走出去”的方式，即幼儿园与社区携手，共同提供便民教育。具体包括：①建立儿童活动机构。社区建立儿童活动中心，再由幼儿园教师开展活动，为全社区的儿童提供教育服务。②开展流动幼儿教育服务。例如，针对社区内的留守儿童或孤儿等，幼儿园可以带去问候、关怀甚至提供教育帮扶。③建立家庭教育辅导站，开展指导家庭教育的活动。这是帮助社区内所有家长解决教育孩子方面问题的机构，也是家园合作的一种延伸。④开展优化社区环境的活动。例如，组织幼儿在社区内开展“坚守斑马线”的文明交通宣传、劝导活动。

任务五　幼儿园与小学的衔接

本任务主要包括幼儿园教育与小学教育的差异、幼儿入小学不适应现象、幼小衔接的策略与注意事项、幼儿园教育“小学化”的表现与危害等知识点的学习，重点在于学习者要学会运用幼儿园教育与小学教育的差异、幼小衔接的策略以及幼儿园教育“小学化”等知识点，对幼儿园、幼儿园教师以及家长在幼小衔接工作中出现的各种问题进行分析，并提出合理化的解决问题的措施或建议。

案例1 刚上一年级的小华

——科学做好幼小衔接工作

案例描述

小华今年上一年级了，但和其他孩子一样，出现了不适应小学的课堂教学、不知道完成作业以及不知道如何利用课余时间等不适应现象。

问题：请结合实际和相关学前教育理论，分析导致幼儿入小学不适应的原因以及从幼儿园角度做好幼小衔接工作的策略。

分析视角

1. **提炼案例主题，表明自己观点**

由案例可知，小华的问题实际上是很多幼儿的共同问题。本案例主要考查幼小衔接中幼儿入小学不适应的原因及其策略。就本案例而言，幼儿入小学不适应的现象正是幼儿园教育与小学教育的差异造成的，应该从素质培养、适应性教育和学习准备等方面做好幼小衔接工作。

2. **明确理论要点，构建答题思路**

(1)明确指出幼儿入小学不适应现象的原因。

正是幼儿园教育和小学教育存在的巨大差异，造成很多幼儿刚进入小学时出现“水土不服”现象，不适应小学这个新环境的学习与生活。这些差异表现在生活、学习、交往等多个方面。

(2)从幼儿园角度提出做好幼小衔接工作的策略。

幼儿园应该主动作为，承担起学前教育的主导责任，重点从三个方面做好幼小衔接：一是幼儿入小学时应具备素质的培养；二是开展适应小学的教育活动；三是做好专门针对适应小学相对紧张的学习活动而进行的学习准备。

参考答案

我认为出现幼儿入小学不适应现象正是因为幼儿园教育和小学教育存在巨大差异，总的来说包括六个方面：(1)社会要求的提高。小学对幼儿在学习内容、学习难度、学习纪律、考核评价等方面的要求都有很大的提高。(2)生活作息制度的变化。进入小学，每天的课时量和时长都增加了。(3)师生关系的不同。进入小学，老师的主要精力将放在学生的学习与教学上。(4)生活环境的不同。相比幼儿园，小学的生活环境简单、单调了许多。(5)教学内容的加深。小学生需要学习系统的、复杂的文化知识和进行读写算等学习活动。(6)教学方法的改变。相对而言，小学老师会使用更多抽象、概括的术语和指令，采用较多的讲授组织教学。案例中，小华的入小学不适应现象是由于其中一种或多种原因造成的。

根据上述原因分析，在做好幼小衔接工作的策略上，我认为幼儿园可以从以下几个方面入手。

(1)注重进入小学前幼儿素质的培养。进入小学以后，随着学习任务的增多和自主活动的发展需求，幼儿需要具备较强的主动性和独立性以及人际交往能力，形成规则意识和任务意识，发展运动和增强体质，这些是小学生必备的基本身心素质。

(2)做好幼儿进入小学前的准备工作。这项工作包括三点：一是缩小与小学差异程度的工作，如调整为接近小学的作息制度、模拟布置小学活动室等；二是开展适应小学的教育活动，如开展书写、识字、算术等小学适应性方面的活动，带领幼儿参观小学、开展联谊活动等；三是隆重举行毕业典礼。这些属于适应性的教育活动的准备。

(3)帮助幼儿做好进入小学前的学习准备。结合小学阶段的学习特点，主要应培养幼儿良好的学习习惯和非智力品质，发展思维能力和基础能力，为幼儿适应小学的学习活动做好必要的心理准备。

案例2 “藏”在幼儿园里的“小学”

——幼儿教育“小学化”的表现与危害

案例描述

某幼儿园混合班开设的课程几乎与小学一年级相同，老师的教育教学也搬用小学上课的方法，教幼儿拼音、识字、计算等知识和技能，期中、期末还进行考试、评分，很少组织游戏和体育活动，对唱歌、图画课不重视，经常改上拼音、识字、计算及智力训练课。结果一年半载下来，班里的幼儿体质明显下降，生病回家的有好几位，在班里上课的幼儿也多是无精打采。这班幼儿升入小学后，多数对语文、数学课不感兴趣，而对考试分数却斤斤计较，他们的德、智、体、美综合素质还不如没有受过学前教育的同年级其他同学。

问题：请运用所学的有关学前教育基础理论加以评析。

分析视角

1. 提炼案例主题，表明自己观点

由案例可知，该幼儿园开设了拼音、识字等小学课程，搬用了小学的教学方法，属于典型的幼儿教育“小学化”。本案例考查的是幼儿教育“小学化”的表现与危害。就本案例而言，案例中的幼儿教育“小学化”的倾向是错误的，对幼儿的身心发展造成了严重的损害，违反了多种教育原则和理念。

2. 明确理论要点，构建答题思路

(1)明确指出案例中幼儿园的具体错误，表明观点。

案例中，幼儿园开设拼音、识字等小学课程，采用小学上课的方法，很少组织游戏和体育活动，还要进行考试和评分。这些都是幼儿教育“小学化”的具体表现，是错误的教育行为。

(2)从幼儿教育的性质、原则及幼儿教育“小学化”的危害等多个角度评析案例中的幼儿教育“小学化”现象。

由案例可知，案例中的幼儿园搬用小学上课的方法，教幼儿学习拼音、识字、计算等较难的课程，这就相当于直接把幼儿当小学生了，完全无视幼儿教育的启蒙性、生活化、游戏化和活动化，对幼儿身心健康发展造成了严重的损害，明显属于“重智育轻德育、重知识技能轻情感能力”的教育观念。同时，案例中的幼儿园采用考试和评分的评价方式，单一且刻板，是不符合《幼儿园教育指导纲要(试行)》中关于教育评价的相关精神和要求的。

参考答案

我认为案例中幼儿园的做法存在不妥或错误之处：(1)开设与小学一年级几乎相同的课程；(2)完全采用小学的课堂教学模式与方法；(3)组织幼儿进行考试和评分；(4)很少组织游戏和体育活动。因此，我认为其做法属于典型的幼儿教育“小学化”。

我认为案例中幼儿园的做法是极其错误的，理由如下。

(1)严重损害了幼儿的身心健康。案例中的幼儿园开设了拼音、识字等小学课程，搬用了小学教学方法，还进行期中、期末考试，其做法使得许多幼儿出现体质下降、经常生病、对语文和数学缺乏兴趣，并且在综合素质上比同龄的其他小学同学要差等现象。这些现象表明该幼儿园的做法已经对幼儿的身体健康、智力开发、个性发展、良好学习习惯的养成等造成了严重的损害。

(2)忽视了我国幼儿教育的性质，违背了教育本身顺序性和阶段性的发展规律。幼儿教育是我国基础教育的重要组成部分，是我国学校教育和终身教育的奠基阶段。幼儿教育是基础的基础，因而幼儿教育必须从最基础的地方开始，为幼儿成功入小学并适应小学的生活和学习做好准备。而案例中的做法显然忽略了幼儿教育阶段的存在价值，直接进入了“小学教育”阶段，表现出明显的幼儿教育

“小学化”倾向。

(3)违背了幼儿园课程的特点。幼儿的认知发展不成熟，呈现出具体性和形象性的特点，且幼儿是运用感官和动作认识周围世界的，在实际操作和亲身体验中获得直接经验，对抽象的、复杂的事物很难理解。因此，幼儿园课程应该具有启蒙性、生活化、游戏化和活动化等特点。而案例中的幼儿园却开设了与小学一年级几乎相同的课程，如拼音、识字和计算，显然与幼儿园课程本身的特点严重不符。

(4)违背了幼儿全面发展教育的科学教育观。《幼儿园工作规程》第三条明确规定幼儿园的任务是“实施德、智、体、美等方面全面发展的教育，促进幼儿身心和谐发展”。《3—6岁儿童学习与发展指南》也指出“儿童的发展是一个整体，要注重领域之间、目标之间的相互渗透和整合，促进幼儿身心全面协调发展，而不应片面追求某一方面或几方面的发展”。而案例中的幼儿园却给幼儿上拼音、识字、计算及智力训练课，还进行考试和评分。这是典型的幼儿教育“小学化”倾向及以“知识与技能”为中心的智力开发教育，严重违背了幼儿全面发展的科学教育观。

(5)违背了幼儿园教学活动的原则。虽然幼儿园的教学活动中有与识字、识数、计算等相关的内容，但由于幼儿思维的具体性、形象性和好动的性格特征，幼儿园的教学活动必须遵循直观性和活动性原则。而案例中的幼儿园搬用小学上课的方法，这种做法既不能激发幼儿的学习兴趣，也不能使幼儿真正掌握所谓的“知识”。

(6)不符合幼儿园教育评价的要求与理念。《幼儿园教育指导纲要(试行)》指出“评价应自然地伴随着整个教育过程进行。综合采用观察、谈话、作品分析等多种方法”，“全面了解幼儿的发展状况，防止片面性，尤其要避免只重知识和技能，忽略情感、社会性和实际能力的倾向”。案例中的幼儿园采用考试和评分的评价方式，显然不符合《幼儿园教育指导纲要(试行)》中有关幼儿园教育评价的要求与理念。

真题展练

1. 小博士幼儿园的老师们在一次关于制定该幼儿园教育目标的教研活动中产生了分歧：一些教师认为制定幼儿园的教育目标要以教育目的作为主要依据，因为幼儿教育是教育的重要组成部分，幼儿教育的目标要与教育目标保持一致；另一些教师认为制定幼儿园的教育目标应以幼儿的发展水平、能力、兴趣和需要为依据，因为幼儿教育的主体是幼儿，幼儿园的教育要促进幼儿的发展。双方因各自坚持自己的观点，仍处于争执之中。

问题：请你从幼儿园教育目标制定的角度对案例中老师的观点进行评析。

——改编自《学前教育学教学案例(五)》。

参考答案

首先，由案例可知，小博士幼儿园的老师们在制定教育目标的教研活动中产生了分歧，一组认为要以教育目的为依据，另一组认为要以幼儿的发展水平、能力、兴趣和需要为依据。可以说，两组老师的观点都有一定道理，但又都失之偏颇，具有片面性。

其次，我认为教育目的与幼儿身心发展的特点和可能性均是幼儿园教师制定教育目标的依据。

(1)教育目的。教育目的是国家对各级各类学校培养什么样的人才的总体要求，而幼儿园教育是我国学校教育的重要组成部分，是学校教育的基础阶段和奠基阶段。在结合幼儿园教育自身的性质和任务的同时，幼儿园教育目标的制定总体上要遵循并贯彻国家有关教育的大政方针，以国家的教育目的为依据并与其保持一致，这是前提。

(2)幼儿身心发展的特点和可能性。教育从根本上是要培养人，教育目标除了要符合国家的教育目的和社会要求等，还要充分考虑并尊重教育对象的身心发展规律和特点，所以，幼儿园教育目标的制定还必须符合幼儿身心发展的特点和可能性，否则目标就不可能变成幼儿发展的现实。

最后，在制定幼儿园教育目标时，还应该注意以下问题：教育目标分解的方法要恰当；教育目标要全面；教育目标要有连续性和一致性。

2. 午睡时间，一名儿童怎么也不睡，教师允许他到活动区角自己活动，并告诉他："轻轻地，不要影响别人午睡。"

问题：你赞同这位教师的做法吗？请用相关的教育原则分析教师的做法。

——改编自《2015年教师资格证考试〈幼儿教育学〉模拟试题及答案一》。

参考答案

我赞同案例中老师的做法，理由如下。

第一，其做法体现了"面向全体、重视个别差异"的教育原则。这条原则是指教育者在关注受教育者即儿童的同时，还应重视儿童的个别差异，因材施教，有针对性地采取最有效、最合理的方式促进每个儿童的发展。这位教师的做法就遵循了这一原则。一方面，面向全体儿童，尊重全体儿童的休息权；另一方面，照顾到个别儿童的特殊情况，儿童可能由于各种原因实在无法入睡，教师要求他在不影响别人午睡的前提下进行区角活动。这样就有效、合理地保证了儿童的基本发展。

第二，其做法还体现了“尊重儿童的人格尊严和合法权益”的原则。尊重儿童的人格尊严和合法权益是指要把儿童作为有独立人格的人看待，要尊重他们，而且要注意倾听他们的想法、尊重他们的意愿，另外还要保障儿童的合法权利，如生存权、受教育权、发展权、休息权等。教师允许个别儿童进行区角活动而不是强制其午睡，就体现出对儿童发展和人格的尊重；教师要求儿童“轻轻地，不要影响别人午睡”，则体现出对其他儿童休息权的尊重。

3. 情境一：王老师需要大量的废旧材料进行环境布置，列举了诸如瓶瓶罐罐、纸盒、碎布等材料目录，发动家长一起帮助收集。几天过去了，响应的人很少，即使带来的材料也有许多不符合要求。王老师感叹：“现在的家长工作真难做呀！”有家长则抱怨：“幼儿园也真是的，舍不得花钱，让我们找这些破烂，既不美观又不卫生，不是瞎折腾吗？”

情境二：幼儿园要开展主题活动“香香的蔬菜”，通知家长带各种蔬菜到班级让孩子们认识。于是家长拎来了青菜、菠菜、芹菜、韭菜……活动室俨然成了一个小菜场。过了一周，换了主题，要求每人带一个蛋。紧接着幼儿园对外开放，又让带花花草草、小鱼、小乌龟什么的，一时间活动室里摆得满满的。再后来主题是“我们的祖国”，家长们又接到通知：每人必须带一些有关祖国各地风土人情的特产、照片……家长们私下嘀咕：“今天带这明天带那，干脆把我们家搬到幼儿园好了！”

通过上述两个情境可知，对于“家园合作”，很多家长不仅知道，而且也确实是在“合作”。然而，刘园长却发现“家园合作”一直以来似乎总是处在一种不深不浅、不痛不痒的尴尬境地，并未真正发挥其教育功能。“为什么呢？怎样突破呢？”一系列的困惑萦绕在刘园长的心中。

问题：针对刘园长发现的问题，请你从家园合作相关理论的角度进行评析，并尝试为其解开疑惑。

——改编自《幼儿园环境创设中的家园合作案例》。

参考答案

我认为案例中刘园长发现的家园合作中的“不深不浅、不痛不痒”的问题是普遍存在的，主要表现为两个方面。其一，家园合作不够深入，较多地停留在表面，表现为“三多”和“三少”：家长虽然进入了幼儿园，但参观的多，参与的少；间接参与的多，直接参与的少；一次性的直接参与多，经常性的直接参与少。其二，家庭与幼儿园的教育内容脱节，表现在家长来园参与活动不过是和幼儿一起玩玩，回家后不大可能把这些和家庭教育联系起来。与之相对，幼儿园教育又常常是在家长看不到幼儿活动的情况下进行的，因此难以产生有针对性的效果。

而家园合作的误区则是造成上述问题的重要原因，具体包括：(1)很多人认为教师是专业教育工作者，而家长大部分不懂教育；(2)家长认为自己忙，没有时间参与幼儿园教育工作；(3)教师只在知识上要求家长配合，家长也只愿意督促孩子写字、做算术题、背英语单词等；(4)很多人认为家长与教师“各司其职”，孩子在家归家长管、在幼儿园归老师管。

幼儿园与家庭是合作伙伴关系，应强调教师和家长之间的平等性，教师不可以权威自居。针对案例中刘园长发现的家园合作的问题，我认为教师在把握尊重、平等、合作原则的基础上，可以尝试从以下几个方面突破。

(1)耐心沟通，统一思想。由上述分析可知，家园合作的许多误会是由家长观念差异造成的，只有通过加强沟通消除这些误会，才能在思想上真正将教师和家长统一到家园合作上来，从而凝聚力量，步调一致，团结协作。

(2)健全制度，强化合作。家园合作问题的另一原因是缺乏相应的合理制度。应当以幼儿园为主导，建立健全家园合作的制度，包括合作内容、合作方式、合作准则、评价机制等，为充分、有效的家园合作提供制度保障。

(3)科学规划，统筹协调。除了健全的制度，还要以年龄班为单位制定学年、学期、月(周)的家园合作的科学规划，制定包括合作群体、合作主题、合作时间、合作过程与方式等内容的方案，统筹各方力量和资源，协调有序推进家园合作。

(4)创新渠道，多样合作。随着信息化社会的快速发展，家园合作的渠道应该多样化，除了传统的家长会、家长开放日、家庭访问等，还可以通过电话、网络(网站)、QQ群或微信群、微信公众号等信息化手段开展家园合作，多方位提高家园合作质量。

4. 红红的幼儿园大班生活快结束了，红红妈妈很是着急，不知道如何对待即将上小学的孩子。于是，红红妈妈问小张老师：“感谢您对我家红红的关心与照顾，但孩子很快就要上小学了，我们家长如何为孩子上小学做好准备工作呢?”

问题：请你以幼儿园老师的身份对家长做“幼小衔接”工作指导。

——改编自中公教育教师资格考试研究院：《国家教师资格考试专用教材(2017中公版)·保教知识与能力·历年真题及标准预测试卷》，27页，北京，世界图书出版公司，2012。

参考答案

幼儿在刚进入小学时会产生不适应课堂教学、不知道如何利用好课间休息时间和对完成作业的不适应等现象，而造成这些现象的原因主要是小学教育与幼儿园教育在学习环境、生活制度、师生关系、幼儿的主导活动和学习方式以及成人对幼儿教育的要求等方面的差异。《幼儿园工作规程》指出，幼儿园在“促进幼儿身心和谐发展”的同时，要“面向幼儿家长提供科学育儿指导”，这也是家园合作的重要内容之一。因此，红红的老师有义务为红红妈妈提供帮助和指导。

如果我是老师，我会从以下几个方面对家长做好“幼小衔接”工作进行指导。

(1)鼓励幼儿锻炼身体，提高身体素质。幼儿面对小学相对紧凑的学习时间和繁重的学习任务，需要一个健康的体魄。家长可以带领幼儿一起多参加户外运动，锻炼身体，增强体魄，用一个健康的身体迎接小学紧张的生活和学习。

(2)正确教育和引导幼儿，帮助其具备良好的心理素质。进入小学后，随着环境的改变，更多时候需要幼儿自己自觉、独立面对问题，这就需要幼儿具备主动性、独立性、任务意识、责任意识和人际交往能力等素质。家长要在教师的指导下共同培养幼儿，使其具备适应小学的良好心理能力。

(3)为幼儿上小学做好物质上的必要准备。家长可以与幼儿一起准备上小学所必需的各种物品，如书包、铅笔、橡皮、文具盒、练习本等，激发幼儿上小学的兴趣和对小学的向往。

(4)培养幼儿良好的生活习惯，掌握必要的生活自理能力。家长需要帮助幼儿养成按时起床和睡觉、勤洗手、不随意丢垃圾等良好的生活习惯，并且指导幼儿学会自己穿脱衣服、收拾物品、上厕所等基本生活自理能力。这些对于幼儿适应小学紧张的学习生活很重要。

(5)培养幼儿良好的学习习惯，具备基本的学习能力。进入小学后，幼儿的主要活动将变成学习，家长需要有意识地培养幼儿爱阅读、注意力集中、坐姿端正、多想多问等良好的学习习惯，同时掌握阅读、书写、计算等基本的学习能力。

总而言之，为了幼儿进入小学后能顺利适应小学的生活和学习，搞好“幼小衔接”工作是一件长期且需要多方参与的事情，而家园合作则是最关键的。

项目四
幼儿发展

学习目标

1. 了解感知觉、注意、记忆、想象、思维、语言等发展的基本概念，理解、熟知幼儿认知发展的培养方法，掌握幼儿认知发展的特点和基本规律，并在教育活动中灵活应用。

2. 了解情绪情感的基本概念，理解情绪情感的种类，熟知情绪情感的功能，掌握幼儿情绪情感发展的基本规律、特点及培养方法，能够分析解释教育现象，并在教育活动中灵活应用。

3. 了解个性、气质、性格、能力、自我意识、亲社会性行为、攻击性行为、亲子关系、师幼关系、同伴关系等基本概念，熟知、理解四种典型气质特点，掌握幼儿个性和社会性发展的基本规律、特点、作用及影响因素，能够分析解释教育现象，并在教育活动中灵活应用。

4. 理解和掌握“关键期”“最近发展区”“个体差异”“多元智能理论”等重要概念，并在教育活动中灵活应用。

5. 熟知幼儿身心发展中的异常问题或障碍，如口吃、焦虑、自闭倾向、发育迟缓、肥胖、营养性贫血等症状及纠正方法，理解和掌握影响儿童心理发展的因素，能够分析解释教育现象，并在教育活动中灵活应用。

6. 了解观察、谈话、作品分析、实验等幼儿心理研究方法的基本概念，熟知、领会这些研究方法的操作步骤，理解、掌握它们的优缺点，掌握心理研究的基本原则，如教育性原则、发展性原则等，并在教育活动中灵活应用。

问题导入

虽说世界上没有两片完全相同的树叶，也没有两个完全相同的人，个体总存在诸多差异，但是幼儿心理具有相同的年龄特征。《幼儿园教师专业标准(试行)》指出要以幼儿为本，“遵循幼儿身心发展特点和保教活动规律，提供适合的教育，保障幼儿快乐健康成长”。本项目就是为了理解、掌握幼儿认知、情绪、语言等发展特点，以便提供适宜的教育，更好地促进幼儿心理健康成长。

任务一　幼儿的认知发展

本任务主要掌握幼儿感知觉、注意、记忆、想象、思维、语言发展的相关知识，尤其是幼儿认知发展的特点及培养方法，学习者要能够运用所学理论分析幼儿的行为表现并在教育活动中灵活应用。重在理论联系实际，掌握解题思路，学以致用。

案例1　“左右”傻傻分不清

——幼儿方位知觉发展的规律

案例描述

“六一”儿童节快到了，老师给中班幼儿排节目，可是有的孩子分不清左右，老师就不断地责怪孩子：“你怎么这么笨，连左右都分不清。”

问题：结合案例，分析幼儿的表现和教师的态度，并给教师提出合理的建议。

——改编自罗庚兰：《〈幼儿心理学〉复习指导与习题精编》，27页，北京，中国石化出版社，2016。

分析视角

1. **提炼案例主题，表明自己观点**

该案例主要由两个问题构成。第一个问题要求表明观点，评析中班幼儿分不清左右的表现是否正常、教师责怪孩子的态度是否正确，考查的是幼儿方位知觉的发展规律和幼儿心理健康观。由规律可知，中班幼儿分不清左右的表现是正常的，教师责怪的态度是错误的。第二个问题要求提出解决方案，即教师应该怎么做。

2. 明确理论要点，构建答题思路

(1)从幼儿方位知觉的发展规律评析案例现象。

幼儿方位知觉发展顺序是上下、前后、左右，一般而言，中班幼儿只会分前后，大班幼儿才会分左右。所以，案例中的中班幼儿分不清左右是正常现象。

(2)从幼儿心理健康角度评析案例现象。

《幼儿园工作规程》第十九条第三款指出："幼儿园应当关注幼儿心理健康，注重满足幼儿的发展需要，保持幼儿积极的情绪状态，让幼儿感受到尊重和接纳。"案例中的教师既没有尊重幼儿认知特点，也没有尊重幼儿人格，反而嘲讽幼儿笨，加重幼儿心理负担，不利于幼儿心理健康成长。

(3)根据幼儿认知发展特点提出解决方法。

幼儿方位知觉发展的特点要求我们"面向幼儿，镜面示范"。另外，幼儿思维以具体形象思维为主，必须依靠事物的形象和表象解决问题，可结合日常生活实际提出具体措施。

除此之外，我们还可以根据幼儿视听觉、观察力发展的特点和感知觉规律评析教育现象，组织幼儿活动。

参考答案

我觉得中班幼儿在排练舞蹈时分不清左右是正常的现象，符合幼儿方位知觉的发展规律，教师责怪他们笨的做法是错误的，理由如下。

(1)《幼儿园教育指导纲要(试行)》指出："幼儿园教育应尊重幼儿的人格和权利，尊重幼儿身心发展的规律和学习特点。"幼儿方位知觉发展的顺序是上下、前后、左右，经过教育，中班幼儿只会分前后，还不能分左右。所以，部分幼儿在排舞时分不清左右是正常现象，教师不宜拔苗助长，要求中班幼儿都能熟练分清左右。何况幼儿存在个体差异，不能一把尺子衡量所有人。

(2)《幼儿园工作规程》指出："幼儿园应当关注幼儿心理健康，注重满足幼儿的发展需要，保持幼儿积极的情绪状态，让幼儿感受到尊重和接纳。"案例中的教师没有尊重幼儿人格，没有考虑到幼儿心理健康，是错误的。

镜面动作

总之，案例中的教师既没有尊重幼儿身心发展的规律和学习特点，也没有尊重幼儿人格，反而嘲讽幼儿笨，加重幼儿心理负担，不利于幼儿心理健康成长。

我认为教师正确的做法是：掌握幼儿方位知觉的发展特点，对幼儿多点耐心和引导，采取“面向幼儿，镜面示范”的教学方法；或者根据幼儿以具体形象思维为主的特点，依靠事物的形象和表象解决问题，结合日常生活实际，告诉幼儿右边就是拿筷子的手那边，左边就是扶碗的手那边(左撇子则相反)。

案例2　揭开“撒谎”的神秘面纱

——幼儿想象及记忆发展的特点

案例描述

生活中，经常出现幼儿所说的与事实不相符合的现象，一些老师和家长会认为孩子爱撒谎、不诚实。例如，某幼儿在同伴面前炫耀自己拥有一个比天还大的奥特曼玩具，对父母说自己得了五角星，打了小朋友后说是别人打的，等等。

问题：请结合实际和相关学前教育理论分析幼儿“撒谎”的原因及其教育措施。

分析视角

1. 提炼案例主题，表明自己观点

案例呈现的是幼儿有“撒谎”现象。案例给出两个小问题：第一个问题是分析幼儿撒谎的原因，考查的是幼儿记忆、想象等特点；第二个问题是提出教育措施。

2. 明确理论要点，构建答题思路

(1)从幼儿想象发展特点评析案例现象。

幼儿想象发展具有三大特点：以无意想象为主，有意想象初步发展；以再造想象为主，创造想象开始发展；想象容易同现实混淆，具有夸张性。案例中的现象有可能属于第三个特点。

(2)从幼儿记忆发展特点评析案例现象。

幼儿记忆发展具有多种特点：以无意记忆为主，有意记忆初步发展；以形象记忆为主，语词记忆初步发展；以机械记忆为主，意义记忆初步发展；记忆不精确，容易记容易忘等。案例中可能就属于记忆不精确的现象。

(3)从逃避责任角度评析案例现象。

人都有逃避责任心理，因为害怕被惩罚，幼儿会选择撒谎。

(4)从人格品质角度评析案例现象。

因为教育失当，幼儿会出现品质型撒谎，故意撒谎以推卸责任，或者与人攀比、获取某些利益等。

除此之外，我们还可以根据幼儿注意力分散的原因、幼儿想象及记忆的其他特点评析教育现象。

参考答案

第一，分析幼儿“撒谎”的主客观原因。幼儿所说的与事实不符的“撒谎”现象是普遍存在的，究其原因，有主观和客观两类，大致有以下几种。

(1)想象容易同现实混淆，具有夸张性。幼儿由于认知水平、表达能力等有限，常常将想象和现实混淆，具有夸张性，如案例中幼儿炫耀自己有“比天还大”的奥特曼玩具。

(2)记忆不精确，容易记容易忘。幼儿记忆保持时间不长，如案例中幼儿可能忘记自己打了人。

(3)逃避责任与惩罚。想逃避惩罚，以撒谎推卸责任。

(4)品质型撒谎。故意撒谎，将打人责任转移。

(5)其他原因。如获取某些利益、攀比心理、维护自尊心。

第二，调查原因，采取恰当的教育对策。

(1)耐心帮助幼儿弄清事实，把想象的东西与现实的东西区分开来。

(2)通过多种途径培养幼儿的记忆力，减少回忆时的遗漏、主观臆测，提高记忆的准确性。

(3)需正确对待幼儿的行为问题，不可简单粗暴了事，同时要做好言传身教，为其树立良好榜样。

(4)主动与幼儿沟通，积极关注幼儿，与幼儿建立良好的亲子关系或师幼关系。

(5)运用故事欣赏和游戏等活动启发幼儿，引导幼儿认识到“撒谎”的坏处。

案例3 “奇特”的思维

——幼儿思维发展的规律和特点

案例描述

龙龙是个幼儿园中班的孩子，一天他得意地对爸爸说：“爸爸，我知道2加3等于5。”爸爸很高兴，问：“你怎么知道的？”龙龙说：“老师告诉我们的。”爸爸再问：“3加2等于多少？”龙龙摇摇头说：“老师没有说。”爸爸接着问：“那3个苹果加2个苹果等于多少个苹果？”龙龙立刻又笑逐颜开了：“是5个苹果。”

问题：根据幼儿思维发展的特点分析龙龙的表现，并提出有针对性的教育措施。

——改编自《国家教师资格考试题库·保教知识与能力》，16页，北京，北京师范大学出版社，2015。

分析视角

1. 提炼案例主题，表明自己观点

该案例主要有两个问题。第一个是从幼儿思维的特点来分析龙龙的表现，为什么他知道2加3等于5，却不知道3加2等于多少，为什么爸爸在数字后面加上“苹果”两个字，龙龙又知道3个苹果加2个苹果等于5个苹果，并说明理由。这考查的是幼儿具体形象思维的特点。第二个问题是对此提出有针对性的教育措施。

2. 明确理论要点，构建答题思路

(1)从幼儿思维发展的特点评析案例现象。

整个幼儿期，幼儿思维以具体形象思维为主，依靠事物的形象和表象解决问题。案例中龙龙的表现就反映出幼儿具体形象思维的固定性和不可逆性等特点，结合案例分析即可。

(2)针对问题提出解决策略。

根据幼儿思维特点提出针对性教育措施。

除此之外，我们还可以根据具体形象思维的表面性、固定性、拟人化、自我中心化、无物体守恒概念等特点及幼儿理解水平等评析教育现象。

参考答案

第一，我认为龙龙的表现正好体现了中班的幼儿处于具体形象思维阶段，依靠事物的形象和表象解决问题，具有不可逆性、表面性、固定性等特点。《幼儿园教育指导纲要(试行)》指出“幼儿园教育应尊重幼儿的人格和权利，尊重幼儿身心发展的规律和学习特点”。《3—6岁儿童学习发展与指南》也指出，教师要“遵循幼儿的发展规律和学习特点”。根据上述理论分析该案例，案例中：

(1)龙龙知道2加3等于5，但不知道3加2等于多少，正体现了其思维活动具有固定性和不可逆性。

(2)龙龙不知道3加2等于多少，却知道3个苹果加2个苹果等于5个苹果，说明其思维以具体形象思维为主，主要依靠苹果的形象和表象解决问题。

第二，我认为根据幼儿思维特点，应从以下几个方面进行针对性教育。

(1)有意识地引导幼儿从多角度思考问题，鼓励幼儿无拘无束地讨论问题。

(2)鼓励幼儿从生活实践中获得丰富的知识经验。

(3)在日常生活中有意识地让幼儿通过自己的实践对外界事物进行分析、综合，提高判断、推理和理解的水平。

(4)可以结合日常生活给幼儿准备各种材料，引导他们进行思维活动。

(5)在幼儿教学中采用直观性教学原则。

任务二　幼儿的情绪情感发展

本任务旨在引导学习者掌握幼儿情绪、情感发展的基本规律、特点及培养方法，并能够在教育活动中灵活应用，学会解释教育现象。下面将围绕这些知识点收集或编写案例以及分析案例。

案例　忽哭忽笑的“小花猫”

——掌握幼儿情绪发展特点

案例描述

每年新生入园，都会出现哭天抢地的离别场景。琴琴就是其中一员。琴琴刚入园的那段时间，每次妈妈准备离开时，琴琴都会哭得很厉害。但过了一会儿，琴琴就和小伙伴们开心地在一起玩了。有几次，妈妈不放心，折返回来站在窗户边偷看琴琴。琴琴一旦看到妈妈，又开始大哭大闹。琴琴忽哭忽笑，像一只“小花猫”。

问题：请问琴琴的行为反映了幼儿情绪的什么特点，教师又该如何正确引导家长呢?

分析视角

1. 提炼案例主题，表明自己观点

该案例主要让我们从幼儿情绪的特点来分析琴琴的入园行为，并提出如何正确引导家长配合的方法。琴琴入园忽哭忽笑的表现正符合幼儿情绪发展的特点，是一种常见的入园现象。

2. **明确理论要点，构建答题思路**

(1)从幼儿情绪的发展特点评析案例现象。

幼儿情绪发展具有不稳定性、外露性、易冲动性、易受暗示性等特点。案例中琴琴的情绪变化正反映出幼儿情绪发展特点，结合案例分析即可。

(2)从家园合作角度提出引导方法。

《幼儿园工作规程》第五十二条指出："幼儿园应当主动与幼儿家庭沟通合作，为家长提供科学育儿宣传指导，帮助家长创设良好的家庭教育环境，共同担负教育幼儿的任务。"引导方法言之成理即可。

除此之外，我们还可以根据幼儿情绪发展的趋势、情绪控制方法及道德感发展特点评析教育现象。

参考答案

第一，通过案例，我认为琴琴的行为反映出幼儿情绪的如下特点。

(1)不稳定性。幼儿的情绪容易变化，案例中的琴琴就是这样，一会儿哭一会儿笑的情绪变化反映出不稳定性的特点。

(2)外露性。由于自我控制能力弱和心理活动有意性差等原因，幼儿的情绪基本上都是毫无掩饰地表现出来的。案例中的琴琴忽哭忽笑都完全展现出来，反映出外露性的特点。

(3)易冲动性。幼儿的情绪犹如暴风雨，说来就来，具有较强的突发性，且来得快，去得也快，如琴琴再次看见妈妈时就又立刻哭闹起来。

第二，我认为教师可以从以下几个方面引导家长。

(1)引导家长为幼儿营造良好的情绪环境。紧张和焦虑的情绪环境不利于幼儿良好情绪的培养，教师要引导琴琴家长保持和谐的家庭氛围，建立良好的亲子关系。

(2)引导家长用正确的方式控制自己的情绪。家长是幼儿模仿与学习的对象，要给幼儿以愉快、稳定的情绪示范和感染，应避免喜怒无常。

(3)引导家长采取积极的教育态度。对琴琴的教育要以肯定为主，多鼓励进步，耐心倾听幼儿说话，正确运用暗示和强化。

(4)引导家长帮助孩子控制情绪。幼儿情绪控制能力差，不会控制自己的情绪，应引导家长采取转移法、冷却法、消退法等帮助幼儿控制情绪，采取正确的方式宣泄消极情绪。

《幼儿园工作规程》指出："幼儿园应当主动与幼儿家庭沟通合作，为家长提供科学育儿宣传指导，帮助家长创设良好的家庭教育环境，共同担负教育幼儿的任务。”《幼儿园教育指导纲要(试行)》也指出：“家庭是幼儿园重要的合作伙伴。应本着尊重、平等、合作的原则，争取家长的理解、支持和主动参与，并积极支持、帮助家长提高教育能力。”

任务三　幼儿个性与社会性的发展

本任务主要涉及幼儿的个性、自我意识、气质、性格、能力、亲社会性行为、攻击性行为、亲子关系、师幼关系、同伴关系和性别角色发展的特点、规律及影响因素；要求学习者掌握以上知识点，能够运用相关知识对教育案例进行评析，并能对不足之处提出改进措施。

案例1　“我今天表现好吗?”

——幼儿自我意识发展的特点

案例描述

幼儿东东因打了人，没有拿到小红花，而其他小朋友都拿到了。当天妈妈来接他时，他不肯回家，非要拿到小红花才肯离园。经过老师说服，他明白了道理。从第二天起，他自觉控制自己的行为，每天都要问老师：“我今天表现好吗?”一天，老师说东东有进步，奖给他一朵小红花，东东高兴极了。

问题：请结合学前儿童自我意识发展的有关原理对材料进行分析。

分析视角

1. 提炼案例主题，表明自己观点

该案例主要让我们结合学前幼儿自我意识发展的有关原理来评析东东的表现，为什么他没有拿到小红花就不肯回家以及后来老师说他有进步他就高兴极了？经过老师说服，东东明白了道理，并且行为有很大转变，第二天起他就自觉控制了自己的行为。这些表现正反映了幼儿自我意识中的自我认识、自我体验和自我调节三方面的发展。

2. 明确理论要点，构建答题思路

(1)从幼儿自我认识出发，评析案例现象。

幼儿自我认识的对象包括自己的身体、自己的动作和行动、自己的内心活动。东东在经过老师说服后明白了道理，这是他对自己的行动和内心活动的认识。

(2)从幼儿自我评价出发，评析案例现象。

自我评价是自我认识的一方面，也是自我意识的核心。幼儿还没有独立的自我评价，他们的自我评价带有依从性的特点，往往不加考虑地轻信成人对自己的评价。东东没有拿到小红花就不肯回家，而老师说他有进步他就高兴极了，正是因为东东简单地把老师对自己的评价(奖励小红花)当作自我评价了。

(3)从幼儿自我体验出发，评析案例现象。

自尊属于自我体验的范畴，东东先前没有拿到小红花就不肯回家是因为自尊心受挫，后来拿到小红花又高兴极了是因为自尊心得到了满足。

(4)从幼儿自我调节出发，评析案例现象。

东东从第二天起就自觉控制自己的行为，这是自我控制能力发展的表现，能够根据成人要求甚至自觉调控自己的心理和行为。

除此之外，我们还可以结合代币制原理、强化理论、幼儿高级情感“荣誉感”的发展来评析教育现象。

参考答案

《3—6 岁儿童学习与发展指南》指出：“幼儿在与成人和同伴交往的过程中，不仅学习如何与人友好相处，也在学习如何看待自己、对待他人，不断发展适应社会生活的能力。”从案例中可以看出东东的自我意识发展的基本特点，具体表现在如下几个方面。

(1)自我认识的发展。东东在经过老师说服后明白了道理，这是他对自己的行动和内心活动的认识。

(2)自我评价的发展。东东没有拿到小红花就不肯回家，后来每天都要问老师：“我今天表现好吗?”当老师说东东有进步，奖给他一朵小红花时，东东高兴极了，表明他还没有独立的自我评价，主要依赖于成人对他的评价。

(3)自我体验的发展。东东先前没有拿到小红花就伤心难过，后来拿到小红花就高兴极了，这前后两种情感实际上分别属于挫败感和自豪感的表现。挫败是因为自尊心受挫，自豪是因为自尊心得到满足。

(4)自我调节的发展。从第二天起，东东自觉控制自己的行为，表明他不但能够根据成人的指示调节自己的行动，而且有自己的独立性，力求为满足自己的需要而改变自身。

案例 2　胆小的敏敏

——幼儿性格的影响因素及培养方法

案例描述

幼儿园中班的小朋友敏敏胆子特别小，上课从来不主动举手参与活动，老师点名让他参加，他就表现得很害羞，平常说话声音小，不爱说话，也不爱和同伴交往。有时小朋友们聚在一起玩得很开心，他就会独自一人在旁流露出难过的神情。

问题：造成敏敏性格胆小的原因可能有哪些？你认为该怎样帮助敏敏？

分析视角

1. 提炼案例主题，表明自己观点

案例中的敏敏胆小，不爱与同伴交往。本案例给出的两个小问题，分别考查对敏敏性格胆小的原因分析和帮助敏敏形成良好性格的教育建议。

2. 明确理论要点，构建答题思路

(1)从影响幼儿性格形成的因素出发，评析案例现象。

影响幼儿性格形成的因素有遗传、家庭、幼儿园教育、社会环境以及社会实践活动的影响，结合这五个影响因素对案例中敏敏性格胆小的现象展开阐述。

(2)从幼儿性格的培养方法出发，评析案例现象。

幼儿性格的培养方法有：①培养幼儿的责任心；②引导幼儿参加集体生活和实践活动；③树立良好榜样；④及时鼓励幼儿良好的性格特征。

除此之外，我们还可以根据幼儿社会性发展、同伴交往、气质类型、能力等相关知识，评析教育现象。

参考答案

敏敏性格胆小的原因可能有以下几个。

(1)遗传的作用。研究表明，神经系统的某些遗传特性可能影响到某些性格的形成，加速或延缓某些行为方式的产生和发展。

(2)家庭的影响。研究证明，父母教育方式、家庭生活氛围和父母的性格对幼儿的性格形成有明显的影响。另外，家庭的政治经济地位、父母的文化素养和为人处世方式、幼儿出生顺序等因素也潜移默化地影响着幼儿性格特征的形成与发展。

(3)幼儿园教育的作用。幼儿园的教育和教学对幼儿性格的形成起主导作用。

(4)社会环境的影响。社会环境对幼儿性格形成的影响主要是通过文化媒介传播进行的。

(5)社会实践活动的作用。人与环境的相互作用即人的社会实践活动对性格的形成起决定作用。

帮助敏敏克服胆小的方法有以下几个。

(1)培养幼儿的责任心。成人不必事事抢在幼儿前面，不必把他们照顾得无微不至，而是应明白地告诉幼儿他们应负责的范围。

(2)用多种方式引导幼儿。教师要积极创造一种轻松、欢快的氛围，如区角活动、“娃娃家”等，让幼儿的个性在其中尽情展露，无所顾忌地讲话、笑闹、蹦跳。还可利用角色游戏，让幼儿理解自己在日常生活中所能扮演的角色，因势利导，避免枯燥乏味的说教。

(3)提供良好的榜样。模仿是幼儿社会学习的重要方式，教师和家长的言行举止直接、间接地影响着幼儿，构成他们学习的榜样。另外，教师还可以引导幼儿学习电视、电影、故事以及现实生活中的勇敢形象。

(4)及时鼓励幼儿良好的性格特征。幼儿最相信老师的权威和评价，只要幼儿有一些进步，教师都应给予热情和真诚的鼓励。《幼儿园教育指导纲要(试行)》指出：“为每个幼儿提供表现自己的长处和获得成功的机会，增强其自尊心和自信心。”

案例3　不受欢迎的小明

——幼儿攻击性行为的影响因素及矫治方法

案例描述

小明今年上大班了，他经常因与小朋友争夺玩具而发生冲突，有时甚至出现动手打别人的攻击性行为，幼儿园其他小朋友都躲着他，不愿和他交往。

问题： 结合案例，分析幼儿攻击性行为的影响因素以及矫治方法。

分析视角

1. 提炼案例主题，表明自己观点

案例中的小明经常与小朋友争抢玩具，甚至动手打人，以至于其他幼儿都不愿与他交往。本案例主要考查教师对幼儿攻击性行为产生原因的分析能力和对攻击性行为的矫治方法的建议。

2. **明确理论要点，构建答题思路**

(1)从幼儿攻击性行为的影响因素出发，评析案例现象。

幼儿攻击性行为的影响因素主要有：幼儿的生理特征、父母的教养方式、大众传播媒介、强化和挫折。

(2)提出矫治幼儿攻击性行为的方法。

控制和减少幼儿攻击性行为的方法有：①创设良好环境；②改善亲子关系；③提高幼儿自控能力和交往技能；④提高幼儿社会认知水平和移情能力；⑤引导幼儿掌握合理的心理宣泄方法；⑥及时表扬和奖励幼儿亲社会行为。

除此之外，我们还可以根据幼儿同伴关系的类型、交往关系中的问题行为、亲社会行为的培养等相关知识，评析教育现象。

参考答案

幼儿攻击性行为的影响因素有以下几点。

(1)幼儿的生理特征。幼儿的某些生理特征(如激素分泌)会对攻击性行为有一定影响，但只是影响因素的次要部分。

(2)父母的教养方式。冷漠拒斥的父母更容易培养出攻击性的幼儿，以惩罚作为抑制攻击性行为的方法往往给幼儿树立了攻击性行为的榜样。

(3)大众传播媒介。大众传播媒介里的攻击性行为的示范会增加幼儿的攻击性行为，幼儿会从有暴力成分的电视节目、电影中观察、学习到各种具体的攻击性行为。

(4)强化。父母或教师如果不对幼儿的攻击性行为加以制止，就等于强化了幼儿的攻击性行为。同伴之间也能学会攻击性行为。

(5)挫折。攻击性行为产生的直接原因主要是挫折，当幼儿遇到障碍或干扰，自己的日的不能实现、需要不能满足时，就容易产生攻击性行为。

小明的老师应及时与家长进行沟通，了解小明的生活经历和家庭教育等，找出小明攻击性强的原因。

学前幼儿攻击性行为的矫治方法有以下几种。

(1)创设良好环境，控制传媒和环境的影响。社会学习具有潜移默化的特点，尤其是社会态度和社会情感的学习，往往不是教师直接“教”的结果，幼儿主要是通过在实际生活和活动中积累有关的经验和体验而学习的。教师要注意通过环境影响幼儿。

(2)改善亲子关系，纠正家长不正确的教育方法。

(3)提高幼儿自控能力和交往技能，帮助儿童解决社会性冲突。

(4)提高幼儿社会认知水平和移情能力。

(5)引导幼儿掌握合理的心理宣泄方法。

(6)及时表扬和奖励幼儿亲社会行为。此外，矫治严重的攻击性行为还可以采用榜样法、阳性强化法、消退法、暂时隔离法等。

教师要在充分了解小明攻击性强的原因后，有针对性地采取以上几种措施，帮助小明纠正攻击性行为，重建良好同伴关系。

案例 4 “嘘嘘”该不该分开？

——幼儿性别角色发展的特点

案例描述

某省建设厅出台的《普通幼儿园建设标准》规定：幼儿园中班和大班的男、女厕位宜合理分隔，以后普通幼儿园新建、迁建都应该按照这样的标准来设计规划。人们对此看法不一。幼儿园小朋友“嘘嘘”该不该分开呢？

问题：结合材料分析学前儿童性别角色的发展阶段。

——改编自《国家教师资格考试预测卷·保教知识与能力》，142 页，北京，首都师范大学出版社，2015。

分析视角

1. 提炼案例主题，表明自己观点

该案例主要涉及学前儿童性别角色发展阶段的知识。某省建设厅出台的《普通幼儿园建设标准》关于幼儿园中班和大班的男、女厕位宜合理分隔的规定是正确合理的。

2. 明确理论要点，构建答题思路

根据幼儿性别角色的发展阶段评析案例现象。中班、大班幼儿已经能明确分辨自己的性别，对性别角色的认识越来越多，并逐步进入刻板的认识性别角色阶段。让中班、大班的男、女幼儿分开如厕，有利于幼儿性别角色的认知和性别行为的发展，也有利于幼儿心理健康。

除此之外，还可以根据幼儿社会性发展、同伴关系、性别认同、性别行为的影响因素等相关知识评析教育现象。

参考答案

性别角色是被社会认可的男性和女性在社会上的一种地位，也是社会对男性和女性在行为方式和态度上的期望的总称。幼儿的性别概念包括两方面：对自己性别的认识和对他人性别的认识。幼儿性别角色发展可分为三个阶段：第一阶段，知道自己的性别，并初步掌握性别角色知识(2—3 岁)。第二阶段，自我中心的认识性别角色(3—4 岁)。这个阶段的幼儿能明确分辨自己的性别，而且关于性别的知识逐渐增多，如男孩和女孩在衣服和游戏、玩具方面的不同等。第三阶段，刻板的认识性别角色(5—7 岁)。这个阶段的幼儿对男孩和女孩在行为方面的区别认识越来越清楚，同时开始认识到一些与性别有关的心理因素。

通过上述分析可知，中班和大班的男、女厕位宜合理分隔。中班、大班幼儿已经能明确分辨自己的性别，对性别角色的认识越来越多，并逐步进入刻板的认识性别角色阶段，对男孩和女孩在行为方面的区别认识越来越清楚，同时开始了解一些关于性别的知识。因此，让中班、大班的男、女幼儿分开如厕是合理的，这样有利于幼儿性别角色的认知和性别行为的发展，也有利于幼儿心理健康。

任务四　幼儿发展适宜性教育

本任务主要涉及关键期、最近发展区、个体差异、多元智能理论等重要概念，要求学习者能够学以致用，解释教育现象。

案例 1　“敏感期”知多少

——“敏感期”与幼儿发展的关系

案例描述

“敏感期”现在已成为幼儿教育领域一个很重要的概念，被越来越多的幼儿园教师所熟悉甚至运用。张老师是某幼儿园的副园长，她认为敏感期是婴幼儿成长阶段中身心的某个方面发展非常迅速的关键时期，具有重要的意义和价值，如果错过了敏感期，就意味着婴幼儿身心的某个方面不能再发展了。

问题：请你结合相关学前儿童发展理论，对张老师的观点进行评析。

分析视角

1. 提炼案例主题，表明自己观点

该案例主要从学前儿童发展理论角度对张老师的观点进行评析，并说明原因。张老师的观点不完全正确，她没有真正理解“敏感期”的概念和意义。张老师认为敏感期是婴幼儿成长阶段中身心的某个方面发展非常迅速的关键时期，具有重要的意义和价值，这个观点是正确的。但她认为如果错过了敏感期，就意味着婴幼儿身心的某个方面不能再发展了，这个观点则是不正确的。

2. 明确理论要点，构建答题思路

(1)根据敏感期的概念评析案例现象。

敏感期也叫关键期。个体在发育的某一时期对特定的环境影响特别敏感，并容易获得某种行为或技能，该时期就被称为敏感期。在敏感期，幼儿如果得到良好的教育，就会起到事半功倍的效果；如果缺乏适宜的环境影响，日后正常的发展可能会被阻碍，发展会变得相对困难。

(2)结合案例分析张老师的观点。

指出张老师的观点中正确的是什么、错误的是什么。

参考答案

我认为张老师的观点不完全正确，她误解了敏感期的内涵。

第一，张老师认为敏感期是婴幼儿成长阶段中身心的某个方面发展非常迅速的关键时期，具有重要的意义和价值。我认为这个观点是正确的。所谓“敏感期”，是指个体在发育中对特定的环境影响特别敏感，并容易获得某种行为或技能的某一时期。在敏感期内，如果儿童能够处在一个良好的环境与教育条件下，并能得到成人及时有效的引导和帮助，教育就会达到事半功倍的效果。

第二，张老师认为如果错过了敏感期，就意味着婴幼儿身心的某个方面不能再发展了，这个观点则是不正确的。敏感期虽然是儿童身心某方面发展最为迅速的时期，但并不代表错过了该时期就不能发展了，只是发展会变得相对困难，将要付出更多的心理成本。

第三，成人要注重并利用好儿童的敏感期，创造适宜于儿童发展的各种条件，最大限度地满足儿童各方面发展的自然需求，充分释放敏感期内儿童身心发展的潜能，有效促进儿童身心健康、和谐、全面发展。不过，如果错过了敏感期，也不要过分紧张和担心，只要弥补及时和教育得当，儿童还是能够发展得很好的。

案例 2 有种伤叫“别人家的孩子”

——加德纳的多元智能理论

案例描述

最近风靡全国的综艺节目《少年说》，反映出中国家庭教育的一个典型问题：

中国父母总喜欢拿自家孩子的短处去和别人家孩子的长处比较。“你怎么就这么笨呢?”“你要是有某某一半就好了!”“你看看人家，多学着点!”……一句句话如一根根针，扎在孩子的心中。于是孩子们之间流行一句话：有种伤叫“别人家的孩子”。

问题：谈谈你对这种现象的理解和感悟。

分析视角

1. 提炼案例主题，表明自己观点

该案例主要让我们分析中国家庭教育中一个典型的盲目“攀比”现象，并谈谈自己的看法。这种现象的确很普遍，它忽视了儿童的个体差异及多元智能理论。

2. 明确理论要点，构建答题思路

(1)根据加德纳的多元智能理论评析案例现象。

加德纳的多元智能理论认为人类的智能是多元化的，每一个人都拥有包含语言智能、数理—逻辑智能、视觉—空间智能、身体—运动智能、音乐—旋律智能、人际关系智能、内省智能、自然探索智能、存在智能在内的九种智能，只是每个人的智能以不同程度、不同方式组合而成。因此，每个孩子都具有自己独特的智能结构形式、都具有自己的智能强项和弱项，具有差异性。

(2)根据儿童心理发展的差异性评析案例现象。

影响儿童心理发展的因素是多样的，有遗传素质、环境、教育及自身的主观能动性等，这些因素的差异造成儿童个体的差异，每个孩子都是独一无二的存在。

(3)从儿童心理健康角度评析案例现象。

《3—6 岁儿童学习与发展指南》提出尊重幼儿发展的个体差异，按照自身的速度和方式到达该指南呈现的发展“阶梯”，“切忌用一把‘尺子’衡量所有幼儿”。教育中的盲目“攀比”现象忽视了孩子的个体差异，用一把“尺子”衡量所有儿童，只会加重儿童的心理负担，造成自卑、压抑甚至是嫉妒心理，是不可取的。

参考答案

我认为这种盲目“攀比”现象在中国家庭教育中的确普遍存在着，这是不利于儿童心理健康发展的。中国人爱面子，社会竞争又激烈，父母总希望自己的孩子能出类拔萃、做到最好，这是可以理解的。但是，这种思想忽视了儿童的个体差异，违背了多元智能理论，有碍儿童的发展。

(1)加德纳的多元智能理论。该理论提出人类的智能是多元化的，每一个人都拥有包含语言智能、数理—逻辑智能、视觉—空间智能、身体—运动智能、音乐—旋律智能、人际关系智能、内省智能、自然探索智能、存在智能在内的九种智能，只是每个人的智能以不同程度、不同方式组合而成。因此，每个孩子都具有自己独特的智能结构形式，都具有自己的智能强项和弱项，其智能结构具有多元化、差异性等特点。

(2)儿童发展存在个体差异性。儿童发展受到先天遗传、环境、教育及主观能动性等多因素的影响，存在个体差异性。《3—6岁儿童学习与发展指南》指出："要充分理解和尊重幼儿发展进程中的个别差异。"《幼儿园教育指导纲要(试行)》提出："承认和关注幼儿的个体差异，避免用划一的标准评价不同的幼儿，在幼儿面前慎用横向的比较。"要求家长必须尊重个体差异，不能用一把"尺子"衡量所有儿童。

(3)《幼儿园教育指导纲要(试行)》要求："尊重幼儿在发展水平、能力、经验、学习方式等方面的个体差异，因人施教，努力使每一个幼儿都能获得满足和成功。"因此，教育者必须树立正确的智力观、儿童观、教学观、多元化评价观等。每个孩子都有自己的学习类型和方式方法，不存在"差生"，只存在优势功能不同的孩子。

所以，我认为教育者要做的就是尊重差异，因材施教，善于发现闪光点，为孩子创造多种多样的展现各种智能的情境和机会，把每一个孩子培养成富有个性的、适合未来社会发展需要的人，而不是要求所有的孩子以同样的模式和速度发展，实行"一刀切"。

案例3 "跳一跳，摘不到桃子"

——最近发展区给予教育的启示

案例描述

人都有好胜心，孩子也是，都想争得第一名，具有竞争意识。为此，幼儿园孙老师设计了一个学走平衡木的户外活动。为了鼓励幼儿走得又快又稳，孙老师不断提醒、催促幼儿走快点。结果，有的幼儿走得又快又稳，开心满足；有的幼儿走得快但不稳，险象环生；有的幼儿憋红了脸还是走不快走不好，可怜兮兮的。怎么"跳一跳，摘不到桃子"？这部分幼儿兴趣逐渐降低，不肯走平衡木，甚至害怕参加户外活动。

问题：请从学前儿童发展角度评价孙老师的做法。如果是你，会怎么做？

分析视角

1. 提炼案例主题，表明自己观点

该案例要从最近发展区的角度对孙老师的做法进行评析，说明原因，并提出自己的建议和措施。

孙老师的做法不太恰当，因为她忽视了每个孩子的最近发展区的差异。

2. 明确理论要点，构建答题思路

(1)根据最近发展区的概念评析案例现象。

维果茨基的最近发展区理论认为儿童的发展有两种水平：一种是儿童的现有水平，指独立活动时所能达到的解决问题的水平；另一种是儿童经过努力可能达到的发展水平。两者之间的范围就是最近发展区。教学需要走在儿童现有水平的前面，但又须在儿童的最近发展区之内，这样才能促进儿童在现有水平上得到发展。案例中的孙老师忽视了不同儿童最近发展区的差异。

(2)根据个体差异性评析案例现象。

由于先天遗传、后天环境、教育、主观能动性等差异，导致每个人的最近发展区的大小不一，心理潜能也会不同。在教学活动中，必须关注每个幼儿的最近发展区。案例中，孙老师在户外活动中就没有考虑到幼儿平衡性的个体差异。

参考答案

我认为孙老师的做法不太恰当，因为她忽视了幼儿最近发展区的差异。《幼儿园教育指导纲要(试行)》明确指出："承认和关注幼儿的个体差异，避免用划一的标准评价不同的幼儿，在幼儿面前慎用横向的比较。"具体原因如下。

(1)维果茨基提出的最近发展区理论认为儿童的发展有两种水平：一种是儿童的现有水平，另一种是儿童经过努力可能达到的发展水平。两者之间的差异就是最近发展区。教学应该走在儿童发展的前面，着眼于儿童的最近发展区，为儿童提供稍有难度的内容，发挥其潜能，促进儿童在原有水平上得到进一步提高。

(2)个体存在差异性。《3—6岁儿童学习与发展指南》明确指出："要充分理解和尊重幼儿发展进程中的个别差异，支持和引导他们从原有水平向更高水平发展，按照自身的速度和方式到达《指南》呈现的发展'阶梯'，切忌用一把'尺子'衡量所有幼儿。"

案例中，孙老师根据幼儿的竞争意识，设计了一个学走平衡木的户外活动，意在激发学习兴趣。她的想法是对的，但是她忽视了幼儿的个体差异，无形中要求平衡能力较差的幼儿和平衡能力较强的幼儿一样走得又快又稳，超出了平衡能力较差的幼儿的最近发展区，挫伤了他们练习的积极性和信心，导致部分幼儿害怕参加户外活动。

如果我是孙老师，我将根据幼儿原有能力水平强弱搭配，分成两个小组进行比赛，并且提供宽度有异的平衡木，能力较弱的幼儿位于队伍的前面，可选择较宽的平衡木，同时给予鼓励和技术指导，让每个幼儿都能体验到“跳一跳，摘到桃子”的成功的喜悦。

任务五　幼儿身心发展中的异常问题

本任务主要涉及幼儿身心发展中可能出现的问题或障碍，如口吃、焦虑、自闭倾向、发育迟缓、肥胖、营养性贫血等，要求学习者了解这些问题、障碍的症状、发生原因及处理对策，能够对相应的案例进行评析和提出解决问题的方案或对策。

案例 1　小华口吃怎么办

——幼儿口吃的原因及矫正原则

案例描述

最近，小华的母亲非常着急。4 岁的小华出现了口吃的现象，尽管母亲多方矫正，甚至取笑打骂，都无济于事。

问题： 小华出现口吃的原因是什么？矫正儿童口吃应该遵循哪些原则？

分析视角

1. 提炼案例主题，表明自己观点

该案例主要让我们分析幼儿出现口吃现象的原因，并提出矫正幼儿口吃应遵循的原则。小华出现口吃现象，母亲“取笑打骂”的做法是错误的，这不仅不能矫正口吃，还会对小华的心理造成不良影响。

2. **明确理论要点，构建答题思路**

(1)从幼儿口吃的原因出发，评析案例现象。

幼儿的口吃与精神创伤、模仿、心理紧张、成人的教养方式不当、疾病等因素有关。案例中小华的母亲非常着急，对小华的口吃现象多方矫正，甚至取笑打骂，让小华的心理更加紧张，这属于不当的教养方式。

(2)从矫正口吃的原则出发，提出引导方法。

首先要消除环境中导致幼儿心理紧张的不良因素，其次是正确对待幼儿说话不流畅的现象。成人和幼儿说话时要正确示范，要教给幼儿正确的说话方法。

除此之外，我们还可以根据心理环境的创设、口吃的矫正方法等相关知识评析教育现象。

参考答案

3－4 岁是儿童口吃的常见阶段，口吃的原因有些是生理原因，如疾病的影响，但更多的是心理原因，如精神创伤、模仿、心理紧张、成人的教养方式不当等。

《3—6 岁儿童学习与发展指南》指出：“营造温暖、轻松的心理环境，让儿童形成安全感和信赖感。”矫正口吃的重要原则是解除紧张。小华的母亲采取“取笑打骂”的方法是错误的，这不但不能矫正口吃，反而会加剧儿童紧张心理，导致儿童不愿说话，甚至形成孤僻等不良性格。成人在掌握儿童心理发展规律的基础上及时加以正确引导，儿童就可以在成人的对话中慢慢学会说话，用手势辅助语言来表达，问题就能够解决。

案例 2　肥胖现象低龄化

——肥胖的表现、原因及预防

案例描述

幼儿肥胖是指幼儿体内脂肪积聚过多。体重超过按身高计算的平均标准体重的 20%，或者超过按年龄计算的平均标准体重加上两个标准差时，即为肥胖症。近年来，肥胖现象低龄化的趋势越来越突出，肥胖幼儿比重越来越大。肥胖对幼儿的身体和心理均会产生不良影响。

问题：结合案例，分析幼儿肥胖的表现及原因，谈谈如何预防肥胖症。

分析视角

1. 提炼案例主题，表明自己观点

该案例主要询问幼儿肥胖的表现及原因，分析如何预防肥胖症。

2. 明确理论要点，构建答题思路

(1)从幼儿肥胖的表现出发，评析案例现象。

肥胖症表现：食欲旺盛，食量超常，偏食；懒动，喜卧，爱睡；体格发育较正常幼儿迅速，体重明显超过同龄同身高者，脂肪呈全身性分布，以腹部为主；智力发育正常。

(2)从幼儿肥胖的原因出发，评析案例现象。

造成肥胖症的原因：营养过剩、缺乏运动、遗传因素、心理因素、中枢调节因素。

(3)针对问题提出预防办法。

预防肥胖症应注意限制饮食、增加运动，需要家庭和社会的支持。

除此之外，我们还可以根据肥胖症的危害、肥胖症的治疗等相关知识评析教育现象。

参考答案

首先，幼儿肥胖的表现如下：食欲旺盛，食量超常，偏食；懒动，喜卧，爱睡；体格发育较正常幼儿迅速，体重明显超过同龄同身高者，脂肪呈全身性分布，以腹部为主；智力发育正常。

其次，幼儿肥胖的原因如下：(1)营养过剩，导致摄入热量超过消耗量，多余的脂肪以甘油三酯的形式储存于体内，形成肥胖；(2)缺乏运动，幼儿肥胖一旦形成，由于行动不便，便不愿意活动，以致体重日增，形成恶性循环；(3)遗传因素，肥胖症有一定的家族遗传倾向；(4)心理因素，情绪创伤或父母离异、丧父或者丧母、被虐待、受溺爱等，可诱发胆小、恐惧、孤独，造成不合群、不活动，以进食自娱自乐，导致肥胖症；(5)中枢调节因素，正常人体存在中枢能量平衡调节功能，控制体重相对稳定，如果个体调节功能失去平衡，导致机体摄入过多，超过需求，就会引起肥胖。

最后，预防肥胖症应注意以下几点。

(1)限制饮食。限制饮食的同时必须满足营养需要，以保证幼儿正常生长发育，不能使其体重下降过快。幼儿食欲旺盛，可给予大量蔬菜、水果，逐渐让其习惯进食减少。

(2)增加运动。《3—6岁儿童学习与发展指南》指出："幼儿每天的户外活动时间一般不少于2小时，其中体育活动时间不少于1小时，季节交替时要坚持。"逐渐地增加幼儿活动时间和活动量，可先从简单的运动做起，培养其兴趣，每次可进行1—2小时。同时鼓励幼儿参与家务活动。

(3)家庭和社会的支持。预防肥胖必须有家庭和社会的支持，要改变不良的家庭饮食习惯，不能在家长暴饮暴食的同时限制幼儿饮食，不能经常带幼儿参加宴会。

任务六　幼儿教育研究的方法

本任务要求学习者掌握观察、谈话、作品分析、实验等了解幼儿的基本方法，并且遵守心理研究的基本原则，如教育性原则、发展性原则、理论联系实际原则等，会用相关知识评析教育案例。

案例1　"给我一个支点，我就能撬起地球"

——教育研究方法

案例描述

某研究者为了研究农村幼儿攻击性行为状况，随机抽取9所乡镇幼儿园，向各年龄班的幼儿园教师发放调查问卷，并且不定期观察幼儿自由活动，做好记录，了解幼儿攻击性行为发生率、发生原因和特点等，并在大、中、小班随机抽取20名家长进行访谈。随后综合分析资料，了解农村幼儿攻击性行为表现，撰写调查报告，提出针对性教育措施，帮助幼儿纠正不良习惯。只要方法得当，"给我一个支点，我就能撬起地球"。

问题：

(1)该研究采用了哪些研究方法？

(2)说一说你曾经用过或学习过的研究方法。

分析视角

1. 提炼案例主题，表明自己观点

该案例主要考查幼儿教育的研究方法。案例中的调查研究主要采用了问卷法、观察法和访谈法。

2. **明确理论要点，构建答题思路**

该案例主要涉及幼儿教育的研究方法，如观察法、实验法、访谈法、测验法、问卷法、作品分析法等。结合案例分析，本案例中研究者主要采用了问卷法、观察法和访谈法。

除此之外，掌握实验法、测验法、个案研究法等研究方法研究幼儿表现。

参考答案

(1)教师要掌握一定的幼儿教育的研究方法。《幼儿园教师专业标准(试行)》指出，教师应能“有效运用观察、谈话、家园联系、作品分析等多种方法，客观地、全面地了解和评价幼儿”。幼儿教育的研究方法主要包括观察法、实验法、测验法、谈话法、问卷法、作品分析法、个案研究法等。本案例中研究者主要采用了问卷法、观察法和访谈法。例如，向幼儿园教师发放调查问卷，收集资料，属于问卷调查法；不定期观察幼儿自由活动中的行为表现，在幼儿不知情的情况下收集第一手资料，属于观察法；向家长了解幼儿情况，属于访谈法，其最大优点是灵活性强，可以灵活地修改访谈内容。

通过这些研究方法的综合运用，才能收集到比较全面的、真实的研究资料，才能给我们的研究提供依据和方向。

(2)举例说明曾经用过或学习过的研究方法。

案例 2　无法弥补的伤痛

——教育性研究原则

案例描述

据资料显示，心理学家约翰·华生当年为了研究幼儿的恐惧心理，向 9 个月大的幼儿艾尔伯特呈现白鼠和令人恐惧的声音。一开始，艾尔伯特对白鼠很感兴趣，并试图触摸它。在他正要伸手时，研究者突然敲击铁棒，使他十分恐惧，这一过程重复了多次。结果艾尔伯特不但对白鼠，甚至对其他白色的东西都产生了恐惧心理。虽然事后华生想过很多办法来消除给艾尔伯特带来的负面影响，但这种条件反射只是强度有所减弱，由此带来的内心恐惧伴随了艾尔伯特一生，造成了无法弥补的伤害。

问题：华生违背了教育心理学的什么研究原则？你如何看待教育心理学应遵循的原则？

分析视角

1. 提炼案例主题，表明自己观点

该案例主要有两个问题：第一个考查华生的实验违背了什么研究原则，第二个是你如何看待教育心理学应该遵循的原则。该实验主要违背了教育性原则，这种行为是错误的。教育心理学研究必须遵守一系列教育性原则，才能确保幼儿健康成长。

2. 明确理论要点，构建答题思路

(1)从遵循研究原则的重要性评析案例现象。

在心理学研究中，采用适当的手段获取真实的数据是一件无可厚非的事。有时为了获得被试的真实心理现象和反应，需要隐藏研究的目的，故意不把真实的心理表现出来，从而避免收集的数据失去意义。但是，所有的研究必须遵守一定的研究原则，具体有客观性原则、系统性原则、教育性原则、发展性原则及理论联系实际原则等，以确保幼儿身心健康成长。

(2)从教育性原则内涵评析案例现象。

教育性原则是指在教育心理学的研究过程中，所采用的实验手段与方法应能促进被试心理的良性发展，特别是对于人类被试而言，这是心理学研究的一个道德原则，不能违背。案例中，白鼠的恐惧实验违背了教育性原则，给被试幼儿造成了永远无法弥补的伤害。

除此之外，要学会运用其他研究原则评析教育案例，如客观性原则、系统性原则、发展性原则及理论联系实际的原则等。

参考答案

《幼儿园教育指导纲要(试行)》明确指出："幼儿园必须把保护幼儿的生命和促进幼儿的健康放在工作的首位。树立正确的健康观念，在重视幼儿身体健康的同时，要高度重视幼儿的心理健康。"《幼儿园教师专业标准(试行)》也指出："关爱幼儿，重视幼儿身心健康，将保护幼儿生命安全放在首位。"

我认为该案例中华生的实验违背了教育性原则，伤害了幼儿正常的心理发展，是不道德的。教育性原则是指在教育心理学的研究过程中，所采用的实验手段与方法应能促进被试心理的良性发展，这是心理学研究的一个道德原则。

在心理学研究中，采用适当的手段获取真实的数据是非常必要的。但是，所有的研究必须遵守一定的研究原则，如客观性原则、系统性原则、教育性原则、发展性原则及理论联系实际的原则等。该案例中，白鼠的恐惧实验违背了教育性原则，使被试幼儿不但对白鼠，甚至对其他白色的东西都产生了恐惧心理，造成了无法弥补的伤害。

真题展练

1. 某幼儿园来了一位实习教师，她的任务是教小班的音乐课和中班的绘画课。她第一堂音乐课以自己的示范表演为主，每隔15分钟休息一次；第一堂绘画课主要让孩子们画太阳，每隔20分钟休息一次。虽然她做了精心准备，但实际效果不理想。孩子们有的讲话、有的跑出去，不理会她的要求。这位实习教师非常沮丧。

问题：

(1)请从幼儿注意的稳定性角度分析导致这种结果的原因。

(2)你觉得这位教师怎样做效果会好些?

参考答案

我认为这位实习教师在上课中遇到这样的问题，主要原因是没有考虑到幼儿注意的稳定性特点，忽视了幼儿注意力发展的规律和学习特点。

(1)影响幼儿注意的稳定性因素主要有以下三点。

①单调的活动不利于维持幼儿注意的稳定性。在小班的课上，尽管实习教师为自己的示范表演做了精心准备，但儿童只是观看，脱离了自身的实际活动，所以很难维持其注意的稳定性。

②活动的难度与注意的稳定性也有密切关系。让中班幼儿画太阳，这种活动的难度远远低于这个年龄段幼儿的心理发展水平，所以也很难维持其注意的稳定性。

③虽然实习老师总体的时间安排符合幼儿的年龄特征，但根据实验研究，在良好的教育环境下，3岁幼儿只能集中注意3—5分钟，4岁幼儿只能集中注意10分钟，所以老师很难使这些小班、中班幼儿长时间保持注意。

(2)《幼儿园教育指导纲要(试行)》指出：“幼儿园教育应尊重幼儿的人格和权利，尊重幼儿身心发展的规律和学习特点。”针对上述情况，这位实习教师可以从以下三个方面入手。

①适当减少单纯的演示活动的时间，与此同时，要安排一些幼儿亲自参与的活动，比如，在演示过程中请幼儿模仿、提问并回答等。

②避免让幼儿从事难度过低的活动，活动难度应稍高于幼儿原有的水平。比如，在要求幼儿画太阳之前，通过谈话让幼儿想象一些在灿烂阳光下的生活场景

等，然后再通过画画加以表现。

③活动时间尽量符合幼儿注意稳定性的时间，将无意注意和有意注意灵活交替运用。

2. 星期一，已经上小班的松松在午睡时一直哭泣，嘴里还一直唠叨："我要打电话给爸爸来接我，我要回家。"老师多次安慰，他还一直在哭。老师生气地说："你再哭，爸爸就不来接你了。"松松听后情绪更加激动，哭得更加厉害了。

问题：请简析上述教师的行为，并提出三种帮助幼儿控制情绪的有效方法。

参考答案

我认为这位教师的做法是不对的。《幼儿园教育指导纲要(试行)》指出："建立良好的师生、同伴关系，让幼儿在集体生活中感到温暖，心情愉快，形成安全感、信赖感。"案例中，教师没有正确掌握幼儿的理解具有简单性、表面性的特点，不会推理出"只要我不哭，爸爸就来接我"的结论。因此，"你再哭，爸爸就不来接你了"变成严惩、恐吓和威胁性质的语言，不但会扼杀幼儿的自尊心，还会使幼儿丧失心理安全感。

面对幼儿的负面情绪，我们可以采用三种方法。

第一种，转移法。转移法是指把注意力从产生消极否定情绪的活动或事物转移到能产生积极肯定情绪的活动或事物上来，如采用讲故事、做游戏等方法转移其注意力。

第二种，冷却法。当幼儿情绪与成人强烈对立时，成人要把教育的重点放在使幼儿的感情平静上，让幼儿尽快恢复理智，而不要"针尖对麦芒"。可以采取暂时不予理睬的办法，让幼儿失去"观众"，待其冷静下来后，让其想一想，反思一下自己刚才的情绪表现是否合适、要求是否合理等。

第三种，消退法。对待幼儿的消极情绪可以采用条件反射的消退法，取消原有强化物。

总之，在教师的情绪关注和培养下，随着年龄的增长，幼儿的情绪会逐渐丰富，自我调节水平也会日益提高。

3. 最近，一位母亲来信反映她3岁半的孩子患口吃，至今已整整一年多。具体表现为一说话就高度紧张，言语断断续续，尤其在人多的场合更是如此。虽然夫妇俩经常提醒、纠正孩子说话，有时甚至还吓唬、惩罚孩子，但收效很小。孩子已变得十分沉默、自卑。据这位母亲反映，他们夫妇俩及孩子的直系亲属的言语能力均属正常，孩子的听觉、发音等器官及相关的言语系统经医院检查也无异常。这位母亲十分焦虑、苦恼，但也不知怎样做才好。

问题：请你帮这位母亲就其孩子患口吃的原因进行分析，并提出有效的矫治方法。

参考答案

(1)对该儿童口吃原因的分析：造成口吃的原因有生理性的，但更多地为心理性的。从资料提供的信息可推断出该儿童患口吃的原因为心理性的，具体的原因有：①儿童说话时过于急躁、激动和紧张，2—3岁儿童在急于表达自己的思想时容易出现言语节奏的障碍；②父母急躁、简单而又粗暴的处理方式加剧了儿童的紧张；③儿童模仿口吃患者。

(2)矫治方法：①为儿童创设宽松的言语氛围，解除儿童的紧张情绪；②教育儿童说话时不要急躁，想好后再慢慢说出；③教育儿童不模仿别人的口吃；④对儿童说话的每一点进步，父母都应及时强化、鼓励。

4. 小南今年5岁，已经上大班了。妈妈对他总是百依百顺，爸爸对他却非常粗暴。虽然家里的玩具很多，但在幼儿园里，小南看到别人玩什么，他就要什么。因此，他经常和小朋友打架。一开始，幼儿园老师非常严厉地批评他，但他仍我行我素。久而久之，谁也不愿意去管他。妈妈开始为这事感到烦恼。

问题：请针对上述材料，从学前儿童社会性发展的角度分析小南行为的特点及其成因。

参考答案

(1)影响学前儿童攻击性行为发展的因素主要有以下几个。

①儿童的教养环境。家庭的情感气氛和教育方式对儿童的攻击性行为有极大的影响，愤怒和惩罚笼罩着的家庭容易“创造”出一个“失去控制”的儿童。如果家长本人具有攻击性，经常出现家庭暴力，为儿童提供攻击性行为的原型，就更容易教会儿童相应的行为。

②社会认知的缺陷和歪曲。社会认知的缺陷和歪曲增加了攻击性行为的产生和延续。具有攻击性行为的儿童往往对攻击性行为的后果有一种错误的认知，在他们看来，攻击性行为能有效地减少他人的挑逗、取笑和其他令人不愉快的行为。因此，他们倾向于利用攻击性行为作为保护自己的常用手段。

③交流及文化影响。社区文化氛围也是影响攻击性行为的重要因素。在一个把攻击性行为当作维护个人利益有效手段的社会，或在一个以武力决定个人威望的区域，儿童热衷于攻击性行为是不奇怪的。

④经验积累与强化。某些儿童的攻击性行为是在与周围的人或物的交互作用

过程中获得的，他们在这个过程中所获得的经验起着至关重要的作用。教师要尽可能地注意不要让攻击者从攻击性行为中得到任何好处，否则就是鼓励其攻击性行为。

(2)分析小南的行为。

小南的行为主要表现为任性、攻击性强、不合群。

导致小南这些问题的主要原因是家长不良的教养方式。小南的妈妈过于溺爱，导致其任性。小南的爸爸过于粗暴，导致其模仿粗暴行为而产生较强的攻击性。而任性和攻击性强是导致小南不合群的主要原因。

5. 儿童在两三岁的时候经常说“我的”，开始不让人家动自己的东西。经过一段时间以后，儿童逐渐学会用“我”这个词来表达自己的愿望。

问题：请分析产生这种现象的原因。

参考答案

儿童会说“我”是自我意识萌芽的重要特征。1 岁前的儿童是没有自我意识的，不能把主体同周围的客体区分开来。自我意识的真正出现是同儿童言语的发展相联系的。当儿童学会正确使用“我”这个词时，可以说儿童的自我意识产生了。

项目五
幼儿园生活指导

学习目标

1. 了解一日生活活动的教育意义，掌握幼儿园一日生活的主要环节及具体要求，学会运用相关知识分析教育实践中幼儿园一日生活各环节组织情况的实例。

2. 掌握幼儿卫生保健常规、疾病预防、营养等方面的基本知识，学会运用相关知识分析教育实践中幼儿保健、疾病预防、营养膳食等方面的实例。

3. 掌握幼儿安全教育相关知识及幼儿园常见的安全问题和处理方法，学会运用相关知识分析教育实践中出现的安全问题和突发事件的实例。

问题导入

当前，学前教育的发展备受各界关注，幼儿家长也越来越重视幼儿的安全、健康问题。一日生活各个环节贯穿于整个幼儿园生活之中，因此，生活指导是幼儿园保教人员必须掌握的一项技能。在教育实践中，出现了让幼儿园和家长甚感迷惑的事情，如幼儿的事情到底应该是幼儿自己完成还是保教人员帮助其完成、在寒冷的冬季是否要让幼儿到户外做早操或参加活动、幼儿膳食到底应该是荤菜多一些还是营养均衡、幼儿园的安全教育问题是否跟家长有关等。基于此，我们必须思考，因其事关幼儿在幼儿园的一日生活中能否得到正确的关照和对待、事关幼儿园和家长是否拥有正确的幼儿教育理念以形成教育合力。

任务一 幼儿园的一日生活及常规教育

本任务要求学习者了解幼儿园一日生活各环节及其具体要求，理解幼儿园生活活动的意义、目标和原则，掌握幼儿园生活常规教育的方法、途径。其中，幼儿园一日生活各环节是重点。同时要求学习者能将该部分知识点与幼儿园教育实践加以联系，并能对教育实践案例予以正确评析。

案例1 “我不喜欢吃饭”

——幼儿进餐环节的组织与指导策略

案例描述

午餐时间到了，中一班的小朋友们都坐在自己的座位上吃饭，只有婷婷还待在娃娃家玩，不肯洗手吃饭。张老师走过去请婷婷过来吃饭，她才慢吞吞地走到盥洗室去洗手。她慢慢地洗着，嘴里还不停地说着：“我才不想吃饭呢，我还得带我们家宝宝去看病呢，我还要在家等快递呢……”洗完手，回到座位上，婷婷也只是拿着勺子，却不盛饭吃。她或是东张西望，或是和旁边的小朋友说话。张老师提醒了她好几次，都没有什么效果。

于是，张老师走过去，问道：“婷婷，你为什么不吃饭啊？”

“我不喜欢吃饭，我吃不了这么多……”婷婷委屈地说道。

“不行，你快点吃，你看别的小朋友都快吃完了。”

“我吃不下去，我要回娃娃家玩。”

“你怎么这么不听话呢？不听话就不是好孩子了，晚上不让妈妈接你回家了！”说着，张老师便走开了。

“不行，不行！”说着，婷婷慢吞吞地吃起来，但是直到午餐时间结束，婷婷的碗里仍然是满满的饭菜。

——改编自沈雪梅：《关爱与方法：幼儿行为观察案例分析》，142页，上海，复旦大学出版社，2014。

问题：结合案例，对张老师的做法进行评析，并就如何组织进餐环节以帮助幼儿形成良好的进餐习惯给张老师提出建议。

分析视角

1. 提炼案例主题，表明自己观点

通过案例描述和对案例的提问来看，本案例主要反映的是幼儿园一日生活环节中的进餐环节，主要考查的是幼儿园教师对幼儿一日生活的组织与指导策略的掌握和是否能够科学地引导幼儿进餐等。所以，案例中教师的做法是错误的。

2. 明确理论要点，构建答题思路

(1)以国家相关政策为依据进行分析。

《3—6 岁儿童学习与发展指南》《幼儿园工作规程》《幼儿园教育指导纲要(试行)》《托儿所幼儿园卫生保健管理办法》等对幼儿园的生活活动都有明确的要求。合理的幼儿园生活活动可以保护幼儿身体的健康发育，有利于幼儿心理的健康发展，可以培养幼儿良好的生活习惯和生活自理能力及劳动观念。显然，张老师没有合理地安排幼儿的进餐环节。

(2)提出进餐环节的科学性建议。

保教人员应科学、合理地安排幼儿园生活活动，科学、合理是指一日生活的组织要符合《幼儿园教育指导纲要(试行)》和《3—6 岁儿童学习与发展指南》等文件的要求，适合幼儿身心发展的特点，并能促进幼儿身心健康发展，养成良好的生活习惯。如果只是单纯用命令的方式让幼儿进餐，可想而知幼儿进餐时的心情是何等的糟糕或恐惧。所以，张老师的做法是不恰当的。

参考答案

案例中张老师的做法不正确，对于婷婷不吃饭的原因没有进行分析，只是单纯用命令的方式让婷婷吃饭，对婷婷的进餐行为并没有进行有效的指导和帮助。另外，张老师没有按照国家相关文件政策关于组织幼儿园一日生活的要求去做，没有贯彻“保教并重、保教结合”的原则。

我建议张老师应合理组织进餐环节，帮助幼儿形成良好的进餐习惯，具体做法如下。

(1)餐前准备：进餐前安排幼儿进行一些较为安静的活动；进餐前 25 分钟结束相关活动，为进餐做准备；进餐前 20 分钟运用游戏方式组织幼儿进行盥洗活动，关注需要个别指导的幼儿。

(2)进餐过程中：饭菜分发前，介绍饭菜中的营养成分，激发幼儿食欲；遵循正确盛饭顺序和分发顺序，如对于进餐困难的幼儿可采取先给、每次少量、多次给予的方式；关注并个别指导幼儿饮食习惯的建立；关注并个别指导幼儿进餐速度和进餐质量。

(3)餐后：组织或提醒幼儿进行餐后服务和自我服务工作；午餐后可组织散步活动或文学艺术欣赏等安静活动。

案例2　学会扣扣子

——幼儿生活常规的建立

案例描述

离园时，李老师发觉苗苗的衣服有些别扭，仔细一瞧，原来是纽扣错位了。在李老师的指导下，苗苗笨拙地解开了一个又一个纽扣，准备重扣。正在这时，苗苗妈妈出现在活动室门口，显然她也看到了一切，脸上写满了不高兴。只见她快步上前，动手要帮苗苗扣纽扣，并一把拉住她说："瞧这衣服模样，就知道肯定是苗苗自己穿的。""苗苗能够独立穿衣，这是一件值得高兴的事啊，让她再练习一下，相信她会有进步的，您说对吗?"苗苗妈妈听了李老师的话，似乎悟出了什么，脸色慢慢由阴转晴，笑眯眯地对苗苗说："乖孩子，慢慢扣，妈妈等着你。"

——改编自山香教师资格考试命题研究中心：《国家教师资格考试高分题库·保教知识与能力(幼儿园)》，106页，北京，首都师范大学出版社，2017。

问题：结合幼儿园生活常规教育原理，分析李老师的行为。

分析视角

1. 提炼案例主题，表明自己观点

通过案例描述和对案例的提问来看，本案例主要考查的是幼儿园生活活动的教育意义、基本目标和指导原则。幼儿园生活活动对培养幼儿养成良好的生活习惯、生活态度和自理能力有着重要意义。同时，让幼儿掌握基本的生活技能、提高自理能力也是幼儿园生活活动的基本目标。如果保教人员和家长将幼儿生活中类似扣扣子这样的事情都包办、代办，那必将不利于幼儿生活技能和自理能力的提高。所以，我认为李老师的做法是恰当的。

2. 明确理论要点，构建答题思路

(1)遵循保教结合原则。在幼儿园生活活动中，教师要帮助幼儿学会穿脱衣裤、系带系扣、洗手洗脸、整理被褥等基本生活技能，逐步提高幼儿的生活自理能力。

(2)增强幼儿主体性意识。幼儿应是实践活动主体，通过参与各项活动，在提高自己的生活自理能力的同时，逐步形成自我服务的观念和主体意识。

(3)遵循个别化指导原则。幼儿的能力具有个别差异性，教师应尊重幼儿的个别化，并进行个别指导。

李老师的做法正是遵循了幼儿园生活常规教育要求，因此，李老师的做法是恰当的。

参考答案

我认为李老师的行为是正确的。

幼儿园的一日生活很丰富，幼儿每天都能从各种必不可少的日常生活活动中潜移默化地掌握很多基本的生活经验，合理、科学地安排和指导幼儿的一日生活教育意义重大。首先，幼儿园生活活动可以培养幼儿良好的生活习惯、生活自理能力和劳动观念。其次，掌握基本的生活技能、提高自理能力、养成良好的生活态度是幼儿园生活活动的基本目标。再次，在幼儿园生活活动中，教师应遵循保教结合、主体性和个别化的指导原则。幼儿通过参与各项实践活动，在提高自己的生活自理能力的同时，逐步形成自我服务的观念。因此，幼儿能做到的事，教师和家长不要包办、代办。案例中李老师让苗苗扣纽扣的行为正是为了培养苗苗的生活自理能力，也是遵循幼儿园生活活动指导原则的体现。同时，李老师还努力引导，使家长明白老师这样做的目的。通过幼儿园和家长的通力合作，为幼儿营造一个顺利成长的环境，更有利于幼儿的全面发展。

案例 3　新来的小李老师

——幼儿入园环节的组织与指导策略

案例描述

新学期开学了，刚毕业的小李老师负责幼儿园小班的晨检、药品管理与膳食工作。每天早晨小李老师都早早来到幼儿园，等待孩子们入园晨检。晨检的时候，小李老师认真地为每一位幼儿检查，并总是热心地与家长聊一些关于幼儿保健方面的知识。为此，小李老师所负责的小班保健室总是出现很多家长排队的情况。有一天，因为人多和工作繁忙，小李老师差点把家长带来的药品错装到另一个班的药箱里，险些造成“吃错药”的情况。小李老师因此受到了园长的批评，园长认为其工作方法不得当，希望其改进。小李老师听了以后非常不服气，觉得自己与家长没有聊无关内容，为什么就错了呢？

——改编自沈雪梅：《关爱与方法：幼儿行为观察案例分析》，159 页，上海，复旦大学出版社，2014。

问题：结合案例，对小李老师的行为进行评析，并谈一谈保健老师在晨检时应注意的主要事项。

分析视角

1. 提炼案例主题，表明自己观点

由案例得知，小李老师对幼儿园工作中晨间检查环节的性质和特点没有深刻地领会，没有把握好晨检工作的重点和向家长普及保健知识的时间，导致险些造成"吃错药"的情况。所以，小李老师的做法是不恰当的。

2. 明确理论要点，构建答题思路

(1)以国家相关文件的规定为依据进行分析。

《托儿所幼儿园卫生保健管理办法》第十五条第四款明确规定："建立健康检查制度，开展儿童定期健康检查工作，建立健康档案。坚持晨检及全日健康观察，做好常见病的预防，发现问题及时处理。"晨间检查是幼儿进入幼儿园的第一环节，保教人员需要对幼儿情况进行简单的了解，为一天的保教工作提供第一手资料，目的是为了简单了解幼儿的健康状况，做到幼儿生病早发现、早报告、早隔离、早治疗。案例中的小李老师虽坚守在晨检的工作岗位上，但没有合理安排工作内容、控制与家长交流的时长，这是不恰当的。

(2)以晨检的步骤和对检查结果的处理为依据进行分析。

幼儿园教师晨间检查幼儿入园工作的重点是检查幼儿的身心状况，需要遵循一摸、二看、三问、四查的步骤。检查过程中如若发现异常情况，要及时处理并做详细记录。保健老师要和带药的幼儿的家长进行交流，并对所带药品进行详细登记。案例中的小李老师正是因为工作内容和重点安排不当，在忙乱中处理幼儿所带的药品时不够细致，差点装错了药，险些造成"吃错药"的情况。

参考答案

我认为小李老师的工作方法确实存在一些问题。根据案例中的描述，小李老师虽然遵循了幼儿园对于保教老师职责的规定，但是晨检是幼儿入园的第一环节，也是幼儿园人员较多的时候，如果小李老师选择这个时候向家长普及一些保健知识，并不是十分合适。一是影响了幼儿接下来的一日活动的开展；二是保健室聚集较多的家长和幼儿，会造成一定安全隐患；三是会因为工作中较为混乱的环境和过多的接待任务而造成工作上的失误。

保健老师在晨检工作中要做到以下几点。首先，要认真履行岗位职责，做好幼儿健康情况检查，主要要做到：一摸，摸幼儿有无发热现象；二看，看幼儿精神状态、面色、咽部、皮肤创伤、疾病；三问，问幼儿是否携带药物饮食、睡眠状况、大小便状况等；四查，查看幼儿有无携带无关物品、危险物品。其次，要做好药品管理工作，如遇幼儿生病带药到园时，药品必须是家长亲自带到或写纸条交代；请家长写好幼儿班级、姓名和药品名称、服用剂量、服用时间、服用方法，晨检时一并交到保健室，和其他保健老师做好交接并签字确认；幼儿服药时应与班级老师确认幼儿信息无误后，再指导幼儿服药。最后，要根据晨检环节人员多少合理安排与家长的交谈时机，保证晨检工作的顺利进行。

任务二　幼儿卫生保健

幼儿的生长发育和健康成长，与成人对他们的悉心护理和提供的良好环境息息相关。幼儿卫生保健的目的就在于创造良好的环境条件，用科学的方法教养幼儿，从而确保幼儿健康成长。其内容包括幼儿园的卫生保健制度、营养与膳食卫生、健康检查、体格锻炼、卫生消毒和疾病预防等。本任务将围绕这些知识收集整理、编写案例，并要求学习者能够运用这些知识去分析教育案例。

案例1　“小眼镜”现象

——眼睛的保健常识

案例描述

现今，在各小区休闲广场、儿童乐园等场所，时常会遇到一个又一个“小眼镜”，视力不佳的幼儿明显增多了。

问题： 结合以上材料，分析幼儿园教师应该如何帮助并教育幼儿注意眼睛的保健。

分析视角

1. 提炼案例主题，表明自己观点

通过案例描述和案例中的提问来看，本案例主要考查的是幼儿眼睛的保健知识。随着电子产品的普及和人工智能的发展，人们的生活、幼儿的学习越来越离不开电子产品，这是眼科疾病越来越低龄化的原因之一。而如何让幼儿养成良好的用眼卫生习惯、保持良好的视力，是幼儿园教师在一日生活中必须关注的问题和重要的教学目标之一。

2. 明确理论要点，构建答题思路

(1)从视觉能力对幼儿心理发展的重要性的角度分析。

“眼睛是心灵的窗户。”人的记忆、想象和思维等认知能力的发展，是建立在感知觉的基础之上的。而视觉是人类获得外部信息的主要感觉通道，人类接受的外部信息中约80%是从视觉得来，大大超过其他感知觉。由此可见保护好眼睛的重要性。

(2)提出保护幼儿视力的建议。

良好的视力除了遗传因素以外，更多的是后天的保护。这就要求幼儿园教师把对幼儿眼睛的保健工作渗透到幼儿的一日生活中，以帮助幼儿养成良好的用眼习惯。同时，要给幼儿提供有利于保护视力的环境条件。

参考答案

近年来，由于电子产品的广泛普及，很多幼儿沉迷于电子游戏，导致视力下降，越来越多的家长和幼儿为此所困扰，我认为这应该引起人们的重视。幼儿园教师可以从以下几方面帮助幼儿保护和提高视力。

(1)教育幼儿养成良好的用眼习惯。不在光线过强或过暗的地方看书、画画；看书写字时眼睛与书本保持一尺以上距离；不躺着看书，以免眼与书距离过近；不在走路或乘车时看书，因为身体活动可导致眼与书的距离经常变化，极易造成视觉疲劳；集中用眼一段时间后应望远或到户外活动，以消除眼疲劳。

(2)为幼儿创设良好的采光条件、适宜的读物和教具。幼儿活动室窗户大小合适，使自然光充足；室内墙壁、家具等用浅色，反光较好；自然光不够充足时，宜用电子灯照明；为幼儿提供的书籍字体宜大，字迹、图案应清晰；教具要大小适中、颜色鲜艳、画面清楚。

(3)定期给幼儿测查视力。以便及时发现异常、及时矫治。在日常生活中，教师要注意观察幼儿行为，及时发现幼儿视力异常表现。

(4)教育幼儿注意用眼安全和卫生。教师要教育幼儿不要用手揉眼睛，毛巾、手帕要专用，用流动的水洗手、洗脸，以防沙眼、结膜炎等；教育幼儿不玩可能伤害眼睛的危险品，预防眼外伤。

爱护眼睛

案例2　艳艳的早餐

——早餐的合理配置

案例描述

晨间谈话时，艳艳告诉老师："妈妈给我吃的早餐是牛奶和鸡蛋。"

问题： 请从幼儿生理特点和幼儿配膳的原则角度，分析艳艳的这份早餐配置是否科学，并在幼儿早餐配置方面向艳艳的家长提出合理的建议。

分析视角

1. 提炼案例主题，表明自己观点

由案例得知，该家长对幼儿的营养需求理解不够透彻。营养是幼儿生长发育的重要保证，对幼儿健康的影响比较突出。而营养素是营养的物质基础，包括碳水化合物、蛋白质、脂肪、矿物质、维生素和水六大类。幼儿处于生长发育的关键时期，而艳艳的早餐是牛奶和鸡蛋，显然营养单一，不够均衡，不能满足幼儿成长对营养素的需要。所以，艳艳的这份早餐配置是不科学的。

2. 明确理论要点，构建答题思路

(1)从幼儿的营养需求进行分析。

幼儿处于生长发育的关键时期，所需营养素的标准较成人高，每天必须摄入一定量的营养素和热量以满足其生长发育和活动的需要。膳食中含有人体所需要的一切营养素和充足的热量，每种食物的营养价值都不同，只有食物多样化才能达到营养丰富的目的。早餐供能占全天能量的30%，而案例中艳艳的早餐品种单一，热量不足，不能满足生长发育和活动对营养素的需求。

(2)从幼儿膳食的配置原则进行分析。

合理、科学的膳食配置是满足幼儿生长发育和活动对营养素所需的基础，这就要求成人根据幼儿膳食的配置原则给幼儿提供膳食。如：膳食要多样化；膳食搭配要合理；烹调方法要适宜，要能促进幼儿的食欲；要讲究饮食卫生。由此可见，案例中艳艳的早餐配置没有遵循幼儿膳食的配置原则，是不科学的。

参考答案

第一，我认为艳艳的这份早餐配置不科学。幼儿处于快速发育期，新陈代谢旺盛，除了保证自身细胞的正常更新外，还需要不断形成新的组织细胞，以达成体格的强健和变化。因此幼儿每日需补充大量的优质蛋白。鸡蛋和牛奶虽然富含优质蛋白，但蛋白质并不是人体的主要能量来源。只有当人体通过碳水化合物和脂肪供给的能量不足时，才会增加对蛋白质的分解来提供能量，这会影响蛋白质的利用。主食比如馒头、米饭富含的碳水化合物才是人体最主要、最经济的供能营养素。特别是对于脑细胞来说，充足的碳水化合物才能补充其运转的能量。

第二，我认为艳艳的家长在幼儿早餐配置方面应该注意以下几点。

(1)早餐要满足学前幼儿生长发育对营养的需要，各种营养素种类齐全、比例恰当、供应量适宜，干稀搭配、主副食兼顾。

(2)早餐的品种、数量和烹调方法应适合学前幼儿的消化能力，在不破坏营养素的情况下，尽量做到碎、细、软、烂，并避免油腻和刺激性食物。

(3)早餐要符合饮食卫生要求。从采购、加工到成品要严防污染，避免发生食物中毒。第四，早餐要能促进食欲，食物应多样化，色香味俱全。

案例3　幼儿为什么一定要午睡?

——科学地建立幼儿园作息制度

案例描述

小妍实习半年了，她渐渐觉得幼儿园的生活有点枯燥。每天的作息时间都是一样的，只是换换活动，时间长了都没有新鲜感。而且每天中午都要午睡，总会有几个小朋友不肯睡觉。小妍想带那几个不肯睡觉的小朋友出去玩，被指导老师拒绝了。小妍很疑惑：为什么幼儿园每天的作息都要一样，而且一定要午睡呢?

——改编自张徽：《幼儿卫生与保健》，26页，上海，华东师范大学出版社，2014。

问题：结合案例分析为什么幼儿每天一定要午睡？针对有些在园幼儿不愿午睡的现象，你认为老师应如何处理?

分析视角

1. 提炼案例主题，表明自己观点

本案例是一个幼儿园的实习教师在实习中所遇到的困惑，即为什么幼儿每天都要午睡？遇到不肯睡觉的幼儿应该如何处理?《幼儿园教育指导纲要(试行)》提出了“培养幼儿良好的饮食、睡眠、盥洗、排泄等生活习惯和生活自理能力”的教育要求。午睡是幼儿园一日生活中的一个环节，幼儿通过午睡可以解除疲劳、恢复体力，有利于下午幼儿园活动的开展和幼儿身心健康发展。因此，幼儿午睡是很有必要的。

2. 明确理论要点，构建答题思路

(1)分析幼儿一定要午睡的原因。

①午睡是保证幼儿有充足的睡眠、利于孩子健康成长的措施之一，也是幼儿园一日生活中的重要环节。幼儿年龄越小，所需的睡眠时间越长。②幼儿通过午睡，可以使身体各部位及神经系统的耗氧量减少，有利于消除疲劳，为下午的教育活动养足精神。③午睡能促进幼儿生长素的分泌，有利于幼儿的生长发育。

(2)针对有的幼儿不肯午睡的现象提出科学建议。

午睡虽然是幼儿园一日生活中的一个环节，但也时常会有幼儿不愿意午睡。前面分析了幼儿为什么要午睡，接下来就针对案例中幼儿不肯午睡的现象提出科学性的建议。

参考答案

首先，我认为幼儿午睡非常必要。幼儿园教师应该把保护幼儿的生命和促进幼儿的健康放在教育工作的首要位置。午睡是幼儿园根据幼儿生理特点制定的作息制度，是幼儿园一日生活中必不可少的一个环节，也是对《幼儿园教育指导纲要(试行)》在幼儿健康领域提出的教育要求的充分落实。

其次，幼儿年龄越小，所需的睡眠时间越长。午睡能保证幼儿有充足的睡眠时间。幼儿通过午睡，可以使身体各部位及神经系统的耗氧量减少，有利于解除疲劳、恢复体力，为下午的教育活动养足精神。午睡还能促进幼儿生长素的分泌，有利于幼儿的生长发育。所以，帮助幼儿养成良好的午睡习惯非常有必要。

最后，对于不肯午睡的幼儿，教师应当采取相应的策略以养成其良好的午睡习惯。

(1)激发幼儿对午睡的兴趣。幼儿园教师可以经常与不肯午睡的幼儿单独谈话，让幼儿明白中午睡觉有利于自己的生长。并抓住有利时机，积极鼓励幼儿睡觉，只要一有进步就适时地表扬。还可以发挥“小红花”的魅力，如幼儿积累了多少朵小红花就可以满足一个心愿等。

(2)创设温馨的午睡环境。温馨、舒适的睡眠环境有益于助眠，如睡前听听轻音乐、不做剧烈运动、拉上窗帘、定时通风等。

(3)与家长取得共识，进行家园共育。对幼儿的教育要靠家庭、社会的支持，为了让幼儿能健康地成长，幼儿园教师应多与其监护人进行沟通，让他们了解幼儿在园的情况，并请他们配合教师，在家中也让幼儿中午睡觉，养成爱睡午觉的好习惯。

案例 4　远离手足口病

——疾病的诊断与防治

案例描述

小班的欣欣生病了，最开始的时候只是出现发热、咳嗽的症状，欣欣妈妈以为是普通的感冒，就只是给他喝了小儿感冒冲剂，让欣欣仍然坚持上幼儿园。但几天之后，欣欣的手指、脚趾的背部、手掌、指甲周围、嘴巴周围等地方出现红色斑丘疹，很快发展成水疱，在臀部、躯干、四肢等部位也能见到。欣欣妈妈这才意识到欣欣得的不是普通的感冒，赶紧带他去了医院。

问题：根据材料分析幼儿患了哪种疾病，并谈谈该班保教人员及幼儿园应如何采取应对措施。

分析视角

1. 提炼案例主题，表明自己观点

通过案例描述和案例中的提问来看，本案例主要考查的是幼儿传染病的相关知识。幼儿期是诸多传染病的高发期，幼儿园是诸多传染病的高发场所，因此，保教人员务必掌握一些幼儿常见传染病的症状和相关应对措施。从案例中描述的欣欣出现的发热、咳嗽，几天后手指、脚趾的背部、手掌、指甲周围、嘴巴周围等地方出现红色斑丘疹，很快发展成水疱等症状，可以判断出欣欣患的是手足口病。

2. 明确理论要点，构建答题思路

(1)判断案例中幼儿患的是哪种传染病。根据案例中的描述判断幼儿患了哪种传染病，本案例中欣欣表现出的症状很明显是手足口病的症状。

(2)阐述应对措施。在幼儿园有幼儿发生手足口病以后，保教人员及幼儿园要提出具体应对措施。

参考答案

(1)材料中欣欣出现了发热、咳嗽，几天后手指、脚趾的背部、手掌、指甲周围、嘴巴周围等地方出现红色斑丘疹，很快发展成水疱等症状。由此可以看出欣欣患了手足口病。

(2)传染病发生后，不要慌张，作为幼儿园保教人员，我们应该认真做好以下几项工作。

①隔离患病幼儿，及时上报，联系家长，后期追踪。班级发生手足口病后，第一时间需要做的就是隔离患病幼儿，并将患病幼儿情况及时上报幼儿园。同时，立刻联系家长，在家长来接幼儿之前，应该做好幼儿的护理工作。

②通风换气，彻底消毒。幼儿园发生传染病后，要将教室、活动室、午睡室开窗通风，被褥暴晒或紫外线消毒。幼儿、教师和保育员保持良好的个人卫生习惯。

③加强班级管理。合理安排幼儿一日生活，提供平衡膳食，加强户外锻炼，提高幼儿对疾病的抵抗力。

④加强班级晨检及全日健康观察，做好相关记录。

任务三　幼儿安全教育

本任务涉及幼儿安全教育常识及幼儿园常见安全问题和意外伤害事故的预防及处理方法(主要包括鼻简单性创伤、出血、摔伤、异物入体、烫伤、骨折、中暑等)，要求学习者掌握和运用这些知识，能对具体的教育案例进行评析。

案例 1　小剪刀的厉害

——幼儿园安全教育的实效性

案例描述

刘老师是一位工作不久的新教师，在中班幼儿的一次手工活动中，她为了教育孩子们注意用剪刀的安全，就告诉他们："大家剪时要小心，今天这些剪刀都是新的，很锋利的，不能剪到小手，小手会剪破流血。也不能剪到衣服，衣服也会被剪破的。"结果，一个幼儿真的悄悄剪了小手指上的表皮，虽不致流血，但也很危险了。另一个幼儿则把同桌的羽绒服剪了一个小口子。

——改编自刘洪云：《2015 最新版国家教师资格考试统考教材·保教知识与能力》，210 页，北京，北京师范大学出版社，2015。

问题： 试从幼儿园安全教育的角度对刘老师以及幼儿的行为进行评析。

分析视角

1. 提炼案例主题，表明自己观点

案例中的刘老师在手工活动中提醒了幼儿剪刀的危险性，让大家小心，这说明刘老师有基本的安全教育意识，这点是值得肯定的，但还是出现了幼儿剪破小手指的表皮和同桌的羽绒服的意外事故。本案例主要考查的是幼儿园安全教育的艺术性和实效性问题。

2. 明确理论要点，构建答题思路

(1)分析事故发生的原因。

这主要是因为幼儿年龄小，好奇心强，对于一切新鲜事物都乐于去尝试，但是却缺乏正确的判断能力。有的家长或教师喜欢用禁止的方法要求幼儿，越是禁止做的事，幼儿越好奇，越想去尝试。

(2)提出有效的预防措施。

安全工作是幼儿园工作的首要内容，是其他一切工作的基础。幼儿的安全需要家园共育、合力保障。具体阐述针对幼儿园常见的意外事故，在平时的工作中应如何做好预防。

参考答案

我认为刘老师是有基本的安全教育意识的，但还是在活动的时候发生了两次事故，其原因如下。

第一，刘老师虽然有安全教育意识，但是没能运用正确的安全教育策略。

第二，是幼儿的心理特征导致的。幼儿年龄小，好奇心强，对于一切新鲜事物都乐于去尝试，但是却缺乏正确的判断能力。有的家长或教师喜欢用禁止的方法限制幼儿的行动，如本案例中的刘老师就告诉幼儿“不能剪到小手，小手会剪破流血”。但对于幼儿来说，禁止是一种消极的做法，很可能带来不良的效果，即幼儿原来并没有想到要做的事，经成年人一提起，反而刺激了他们的好奇心，让他们想尝试一下，结果弄巧成拙。

针对以上情况，我认为幼儿园和家庭对幼儿进行安全教育时，可以采取以下策略：家庭和幼儿园共同为幼儿营造安全的环境，及时消除一些安全隐患；帮助幼儿形成良好的生活卫生习惯，在潜移默化中提高幼儿自我保护能力；坚持正面引导和多种形式相结合的教育策略，保证安全教育的实效性。

案例 2　摔跤了

——幼儿园常见意外伤害事故(摔伤)的处理

案例描述

某幼儿园小班小朋友安安在户外活动时不小心摔了一跤，膝盖擦破了。

问题：如果你是该班的主班老师，你会如何妥善处理此事？

分析视角

1. 提炼案例主题，表明自己观点

这个案例描述很简单，问题也很直接，主要考查的是幼儿园教师对幼儿园意外事故中摔伤的处理方法的相关知识。

2. 明确理论要点，构建答题思路

(1)从幼儿的行为特点角度分析。

在幼儿园，幼儿玩得正起劲时往往对周围环境缺少注意，幼儿之间的小摩擦也难以避免。因此，幼儿摔伤、擦伤等情况时有发生。

(2)针对摔伤意外事故提出有效的处理方法。

幼儿园教师必须掌握相关的应急处理方法，并能沉着冷静地应对。此案例中，安安的伤势虽轻，但教师依然需要按照相关的要求进行及时处理。

(3)教师要多关注可能发生的其他意外事故和掌握处理方法。

在幼儿园，幼儿在活动中往往对周围环境缺少注意，幼儿之间的小摩擦也难以避免。除了案例中提到的摔伤之外，还应多关注幼儿园常见的其他意外事故及处理方法，如鼻出血、划伤、抓伤、咬伤、挤伤、扭伤、烫伤、骨折等。

参考答案

首先，我认为幼儿在幼儿园发生一些磕碰、擦伤等事故有时是难以避免的，但幼儿园老师平日里必须要加强幼儿的安全教育，避免事故发生。

其次，当事故发生后，主班老师要沉着、冷静，先安排配班老师照管其他幼儿，同时带安安到医务室(医院)处理伤口，并及时汇报园领导。

再次，主班老师应及时联系家长，向家长解释事故原因，并向家长表示歉意。

最后，事后要分析事故发生的原因，要查明户外活动场地是否存在安全隐患，是否存在教师监管不到位现象。一旦发现问题，及时解决，防止事故再次发生。

案例3　鼻子“吃”珠珠

——幼儿园常见的安全问题(鼻腔异物)的处理

案例描述

丽丽穿了一件粉红色的外套，上面有由很多小珠珠和亮片组成的图案，她没事做的时候就用手剥。我发现后阻止了好几次，就怕有意外发生，所以特别关注她，可是意想不到的事情还是发生了。吃过午饭后，先吃完的孩子们开始了自由活动，当我正忙于帮助几个吃饭慢的孩子时，突然有个小朋友告诉我："老师，丽丽把一个珠珠塞到鼻子里了。"我赶忙让生活老师照顾几个没吃完饭的孩子，马上跑过去。当时的丽丽神情有些紧张，嘴巴张开在呼吸，从她的眼神里能看出她很害怕，急于求助。

——改编自刘洪云：《2015最新版国家教师资格考试统考教材·保教知识与能力》，210页，北京，北京师范大学出版社，2015。

问题： 如果你是老师，遇到上述情况时会采取哪些措施？

分析视角

1. 提炼案例主题，表明自己观点

这个案例描述在幼儿园发生的一起意外事故，根据案例描述，可以判断出这属于意外事故中的鼻腔异物事故。再看看提出的问题，很直接，只要求回答遇到案例中的情况时应采取的措施，因此主要考查的是幼儿园教师面对幼儿发生鼻腔异物事故时的处理方法的相关知识。

2. 明确理论要点，构建答题思路

(1)安抚幼儿情绪。幼儿在遇到类似情况时心里是害怕的，因此，首先应安抚幼儿情绪，以免事态更严重。

(2)及时采取具体的应急措施。学会处理意外事故的方法是幼儿园教师的必修课之一，对案例中幼儿发生鼻腔异物的处理就是其中之一。接下来阐述出具体的应对措施即可。

(3)除了本案例中提到的鼻腔异物以外，还应多关注幼儿园常见的其他异物事故及处理方法，如眼内异物、气管异物、外耳道异物和咽部异物。

参考答案

幼儿的安全问题是幼儿园教师工作的重中之重，案例中的情况属于幼儿园特殊意外伤害事故中的鼻腔异物事故。如果我是老师，针对发生的案例中的情况以及同类情况，我会采取以下措施。

(1)安抚幼儿情绪。教师要缓解幼儿紧张、害怕的心理，以更好地配合教师对鼻腔异物的处理。

(2)取出易取异物。幼儿鼻腔存在异物时，要让其改用口腔呼吸。异物属纸团、纽扣等不规则且好取的物体，教师则可用镊子将其夹出。也可请保健医来取出好取的异物。

(3)及时抱送医院。如若教师和保健医都判断无法取出异物，则不要强行取出，以免损伤鼻腔或形成呼吸道异物。应设法劝阻幼儿哭闹，让其改用口腔呼吸，然后迅速抱送医院治疗。

真题展练

1. 老师在户外体育活动中如何保障幼儿安全？

——改编自国家教师资格统一考试规划编写组：《国家教师资格历年真题与命题预测试卷·保教知识与能力》，28页，海口，海南出版社，2015。

参考答案

我认为老师在户外体育活动中要保障幼儿安全，应做到以下几点。首先，要结合生活实际对幼儿进行安全教育，教给幼儿简单的自救和求救的方法。其次，在幼儿园教学活动中有意识地结合活动内容对幼儿进行安全教育，注重在活动中培养幼儿的自我保护能力。再次，在户外活动开展前创设安全的环境，提供必要的保护措施。最后，注意强化幼儿的户外体育活动常规意识，在活动前向幼儿说明需要注意的事项，让幼儿知道遵守常规的重要性。

2. 活动设计题：小班赵老师发现，幼儿进餐时有各种问题：有的幼儿情绪不稳定，吃饭时哭着要妈妈；有的幼儿不会拿勺吃，一定要老师喂；有的幼儿挑食，不吃这个，不吃那个；还有的幼儿吃一会儿，玩一会儿，饭都凉了还没吃完……

——改编自国家教师资格统一考试规划编写组：《国家教师资格历年真题与命题预测试卷·保教知识与能力》，42页，海口，海南出版社，2015。

问题：请设计一份解决上述问题的教育方案，包括对问题的分析、教育目标、解决问题的主要方法。

参考答案

首先，对问题进行分析。材料中体现了幼儿进餐时存在的问题，比如情绪问题、挑食问题、吃饭慢的问题等。出现这些问题的原因可能在于以下几点：(1)平时没有建立起良好的进餐常规；(2)没有给幼儿营造一个积极的进餐气氛；(3)没有养成幼儿良好的进餐习惯等。

其次，根据以上问题设立教育目标：(1)创造良好的就餐氛围，让幼儿愉快进餐；(2)培养幼儿学会用勺子独立吃饭；(3)培养幼儿按时吃饭，坐定进餐，吃饭的时候不玩闹。(4)培养幼儿吃饭时不挑食。

最后，提出解决问题的方法。

(1)创设安全、整洁、温馨的进餐环境。进餐的环境应明亮、宽敞、安静、愉快、轻松，且教师切勿大声呵斥幼儿。在幼儿进餐时可播放一些轻松愉快的背景音乐，使他们愉快地进餐。给幼儿提供的食物应粗细搭配、品种多样，保证营养均衡，烹调方式也要利于幼儿咀嚼。

(2)制定良好的进餐常规。教师要保证幼儿每天有充足的运动量，这样才能有利于他们按时吃饭。进餐时，可让儿童自主选择座位，增强他们坐定进餐的自觉性。幼儿进餐必须定时定量，开饭要准时，进餐间隔时间应为 3—4 小时。

(3)教师进行有针对性的指导。对于 2 岁左右或初入幼儿园的幼儿，教师要引导其尝试自己用勺子吃饭，对确有困难的幼儿可适当进行帮助，逐渐过渡，使他们独立吃完自己的饭菜。对胃口小、食欲差的幼儿，可以少盛多添；对吃饭特别慢的幼儿，可以让其提前一点时间进餐，使其感觉自己也能同别人一样按时吃完；对吃得过快的幼儿，要提醒他们细嚼慢咽；对挑食的幼儿，除了要引导其不挑食，还可根据他们的口味来烹调，吸引他们去尝试不爱吃的东西，并以同伴和教师的良好情绪去影响、感染他们；对生病的幼儿，应允许他们少吃一些；对肥胖的幼儿，注意适当控制他们的进食量。

(4)设计组织专门的教育活动。教师可以根据班上幼儿的实际情况，设计组织专门的健康教育活动，来帮助幼儿养成良好的进餐习惯。比如可以通过游戏让幼儿认识各种蔬菜，知道多吃蔬菜对身体好；还可以让幼儿在区域活动中玩游戏，让他们通过游戏了解蔬菜的营养价值。

3. 举例说明如何在幼儿园一日活动中实施动静交替的原则。

——改编自国家教师资格统一考试规划编写组：《国家教师资格历年真题与命题预测试卷·保教知识与能力》，20 页，海口，海南出版社，2015。

参考答案

《幼儿园工作规程》第二十六条指出：“幼儿一日活动的组织应动静交替，注重幼儿的直接感知、实际操作和亲身体验，保证幼儿愉快的、有益的自由活动。”

首先，幼儿园一日活动安排要注意动静交替，处理好动与静的平衡问题。在组织活动的过程中，要注意幼儿活动步调的节奏，避免单调和疲劳。如早操和自选活动的安排、早操和课间操的协调安排等，需要结合幼儿体力、情绪、气温的综合因素。可以把清晨留给早操，让幼儿参与运动量较大的活动；把上午较热的时间留给课间操。

其次，动静交替原则也要用于其他教育活动中。如为了使一些费时较多、操作性较强的教育活动顺利进行，教师可采取切段的方式，比如可根据教学内容切段，让幼儿休息片刻以调适情绪。这样既能顺利完成教学内容，又能使幼儿及时展现自己的学习成果并感受学习的快乐。特别是在操作类活动中，以切段方式体现动静交替的安排还有利于照顾个别差异，速度慢者可利用小憩的时间完成任务，既能消除幼儿间的明显差异，也能使每个幼儿都体验到成功的快乐。

最后，制订一日活动计划还应考虑到多学科的有机组合，即围绕一个内容，尽可能涉及多学科开展主题活动，采取内容补充的形式弥补下午教育时间较短的不足等。

以下是一个幼儿生活安全教育的活动实录，请扫描二维码观看。

不跟陌生人走

项目六
幼儿园环境创设

学习目标

1. 理解幼儿园环境的概念内涵；掌握幼儿园环境创设的意义、原则和方法；掌握创设幼儿园环境应注意的问题。

2. 能够运用理论分析幼儿园环境创设的实例，培养自主探索的能力。

3. 树立环境育人的教育理念，能够创设良好的幼儿园环境，能够解决环境创设中的常见问题，解决幼儿园与家庭、社区以及小学衔接中出现的问题。

4. 知道在创设物质环境的过程中，也要注重精神环境的创设；帮助幼儿建立良好的师生关系和同伴关系。

问题导入

创设良好的教育环境是幼儿园的重要任务，也是促进幼儿全面发展的有效而重要的手段。《幼儿园教育指导纲要(试行)》明确提出："环境是重要的教育资源，应通过环境的创设和利用，有效地促进幼儿的发展。"环境作为一种"隐性课程"，其在开发幼儿智能、促进幼儿个性和谐发展等方面的独特功能和作用，已经越来越引起大家的重视。目前，幼儿园环境创设的过程中还存在一些问题，如目标或模糊或功利，偏离教育性和实用性；内容选择单一，忽视系统性和整合性；方法简单包办，忽视幼儿的参与性和主体性；只重视物质环境，忽视精神环境，等等。这些问题都亟待研究和解决。

任务一　幼儿园环境概述

本任务主要是围绕幼儿园环境创设的概念、特点和作用等知识点编写相关案例，引导学习者掌握相关的理论知识，学会分析实践中遇到的相应的问题，掌握重点知识，并且能够灵活运用。

案例1　开学前的“环创热潮”

——凸显幼儿园环境创设的意义和特点

案例描述

新学期就要到了，某幼儿园为了给孩子们一个崭新的环境，要求教师们在开学前完成环境创设工作。教师们加班加点，个个使出了看家本领，有的画，有的剪，有的挂，有的贴，有的现场临摹，有的购置成品。教师们忙里忙外，教室的高处、低处、墙上、地上和走廊上都贴满了精心绘制的作品，可谓琳琅满目。开学了，教师不时提醒孩子们不要乱摸乱拽、破坏环境。

问题：请结合案例，从环境创设的内涵和特点加以评析。

分析视角

1. 提炼案例主题，表明自己观点

上述案例中教师们的做法是不合理的。幼儿园的环境创设不仅是美化的需要，更是教育者实现教育意图的重要中介，要让环境去说话、去引发幼儿应有的行为。案例中的教师只注重环境的美化，没有关注环境的教育性，也没有注重发挥幼儿的参与性以及互动性。

2. 明确理论要点，构建答题思路

(1)依据幼儿园环境创设的概念内涵进行评析。

幼儿园环境有广义和狭义之分。广义的幼儿园环境是指幼儿园教育赖以进行的一切条件的总和，包括园内环境、园外的家庭、社会、自然、文化等大环境。狭义的幼儿园环境是指在幼儿园中对幼儿身心发展产生影响的物质与精神环境的总和。

幼儿园的环境创设，是教育者根据幼儿园教育的目标，遵循幼儿身心发展规律以及身心发展需要，充分挖掘和利用幼儿生活环境中的教育因素，不断创设幼儿与环境积极作用的活动场景，努力把环境因素转化为教育因素，促进幼儿身心主动发展的过程。

(2)依据幼儿园环境的特点进行评析。

幼儿园环境创设需要凸显两个特点。一是教育性，需要根据幼儿园教育的目标及幼儿的发展特点有目的、有计划、有组织地精心创设。二是可控性，社会上的精神、文化产品，各种幼儿用品以及教学用具等在进入幼儿园时，必须经过精心筛选甄别，以有利于幼儿发展为选择标准；另外，根据教育的要求及幼儿的特点，有效地调控环境中的各种要素，维护环境的动态平衡，使之始终保持在最适合幼儿发展的状态。

参考答案

我认为以上案例中教师的做法是不恰当的。主要体现在以下三个方面。

(1)幼儿园的环境是重要的教育资源。有品质的环境创设可以启发幼儿的智力，提高幼儿感受美、欣赏美的能力，促进幼儿社会性的发展等。案例中教师虽然精心进行了布置，但是替代了许多本应由幼儿参与完成的活动，难以体现幼儿与环境的互动。由于教师付出许多，会导致他们产生过度保护的言行，造成只能看不能碰的心理暗示。另外，过于成人化、成品化的环境会让幼儿产生审美疲劳，抑制幼儿的创造力。教师应通过环境的创设和利用，有效地激发幼儿参与的积极性和能力，促进幼儿的发展。

(2)幼儿园的环境创设应该由教师和幼儿共同完成。教师可以根据幼儿的年龄特点、教育目标或者主题需要等，有目的地设定环境创设的基本框架，结合班级教室结构，对高、中、低等处的区域进行合理划分。教师可以带领幼儿一起进行环境创设，幼儿在参与讨论、动手制作、布局调整、摸摸看看中充分感受自己的一份力量在集体中的作用。

(3)幼儿园的环境创设应为幼儿学习和发展服务。教师不需要在开学前就把教室张贴得满满当当，幼儿园的环境创设不是为了彰显教师个人的美术才能，过多的色彩和精品只能满足幼儿短暂的好奇。幼儿只有不断地作用于周围环境，才能对此表现出持续不断的浓厚兴趣。因此，教师可以留出更多的空白给幼儿，适时组织幼儿讨论，引导幼儿随着主题活动的深入而进行随机的填充和完善，实现环境创设的调控性和系统性，让每个空间都能成为幼儿学习与发展的阵地。

总之，幼儿园的环境创设必须符合教育的目标，尊重幼儿的身心发展规律，努力实现环境的教育价值。

案例2 “一米等候线”和“一个小水桶”

——幼儿园环境创设的作用

案例描述

张老师今年带小班，她发现到喝水、洗手、自取玩具和图书等的时候，常常会听到“老师，他挤我，水都洒到地上了”或“老师，他推我”。张老师便走上前，边拉开孩子们的距离边教育孩子们要等待、注意安全、不要拥挤推搡，可是成效甚微。于是，张老师带领幼儿观察银行、商场、地铁站里的“一米等候线”，组织讨论：“班级哪些地方需要画上这条等候线？茶水桶下面需要放什么？”然后，张老师和孩子们一起在接水处、玩具柜等地方贴了一条黄色的“一米等候线”，在茶水桶下面放了一个小水桶，并通过情景表演让幼儿熟悉规则，养成接半杯水的习惯。一段时间后，张老师惊喜地发现，孩子们都能自觉地遵守规则，还能在其他的生活游戏中进行经验的迁移。

问题：请根据环境创设的作用对张老师的做法进行评析。

分析视角

1. 提炼案例主题，表明自己观点

此案例中张老师的做法是合理有效的。因为小班幼儿的等待意识和自我调控意识都不是很强，需要提醒，其中环境的提示作用是十分必要的。此案例中张老师带领孩子们观察了解生活中等待以及拉开距离的必要性，共同设置“一米等候线”和“一个小水桶”。同时，直观形象的情境表演引发幼儿积极与环境互动，丰富了生活经验，延伸了学习内容，有效地帮助幼儿树立了等待和自我调控的意识，充分体现了环境的浸染作用。

2. 明确理论要点，构建答题思路

(1)以幼儿园环境的作用为依据进行分析。

幼儿园的环境犹如一位“看不见的老师”，对幼儿的认知、情感和言行都有着很好的暗示和引导作用，让幼儿在宽松、和谐、友爱的环境中尽情地自我觉醒、自我发展，逐渐形成积极、乐观、独立的良好个性品质，发挥着“于无声处听惊雷”的效果。

(2)以幼儿发展的特点为依据进行分析。

小班幼儿处于身心发展的初级阶段，而且多以自我为中心，需要通过直接感知从亲身体验中获得最初的人际交往和行为规则。教师通过创设“一米等候线”和

“一个小水桶”的场景，让幼儿时时处于游戏状态中，让“一米等候线”和“一个小水桶”承担起“小指挥”的角色，使幼儿在潜移默化中养成良好的行为习惯。

参考答案

我认为上述案例中张老师的做法是合理的，而且是有智慧的。

第一，案例中的环境是张老师根据教育目标、幼儿的年龄特点精心创设的，情境设置直观形象，自然呈现张老师的教育意图。此时的环境已经不再是单纯的物质环境，而是像一位老师一样，对幼儿起到了启发和引导作用，有效地帮助幼儿树立了规则意识，有效地改变了幼儿在活动中拥挤等现象。

第二，小班幼儿多以自我为中心，张老师通过对环境的设计和利用，让幼儿生活在自己参与创设的环境中，并时时作用于这样的环境。明显的标志让幼儿从好奇到熟悉再到习惯遵守，有效地促进了幼儿社会性的发展。

一米线

总之，环境是重要的教育资源，对幼儿有潜移默化的影响。教师要通过对环境的创设和利用，有效地促进幼儿的发展。

任务二　幼儿园环境的创设

本任务主要围绕幼儿园环境创设的原则和基本方法、物质环境和精神环境创设中的常见问题以及如何创设进行案例编写和分析，引导学习者能够掌握相关的理论知识，学会分析实践中遇到的相应问题，并且能够在教学中灵活运用。

案例 1　“我的祖国妈妈真伟大”主题墙饰

——幼儿园环境创设的原则和方法

案例描述

大一班的方老师围绕主题“我的祖国妈妈”，组织幼儿一起讨论：“我们的祖国很大，你们知道祖国妈妈哪里很美、很了不起?”他带领幼儿们搜集了很多祖国发展的视频和图片，汇集了很多幼儿们游览祖国大好河山的照片，一起创设“我的祖国妈妈真伟大”“我的祖国妈妈真美丽”等主题墙，还在教室的低矮处留出地方，让幼儿们将在美工区绘制的各种作品挂起来或者贴起来，有的幼儿还玩起了“旅游讲解员”的角色游戏。幼儿们不停地指指点点、画画贴贴，积极主动、热情高涨，大大丰富了班级的室内外环境和游戏内容。

问题：请结合幼儿园环境创设应遵循的原则和方法对该案例进行评析。

分析视角

1. 提炼案例主题，表明自己观点

案例主要是关于幼儿园物质环境创设的问题，在物质环境创设的过程中除了要安全卫生、适合幼儿外，还有一些我们要遵循的原则，需采取科学有效的方法。案例中方老师根据现阶段的教育目标，组织孩子创设相应的教学环境，发挥幼儿的积极性、主动性，让孩子动手动脑，是符合幼儿园环境创设要求的，方法是得当的。

2. 明确理论要点，构建答题思路

(1)以影响幼儿园环境创设的因素为依据进行分析。

一方面，教师要根据幼儿园的教育目标科学地选择活动主题，并围绕主题合理地选择材料和空间，最大限度地满足幼儿活动的需要。另一方面，教师要有正确的教育观和价值观，敏锐地发现幼儿发展的需要，不能把美观漂亮作为衡量环境的主要标准，要不断地提高自身素养，给予幼儿一种无形的精神力量。

(2)以幼儿园环境创设需要遵循的原则为依据进行分析。

一是安全性原则；二是一致性原则，要符合幼儿全面发展的需要，与教育目标相一致；三是发展适宜性原则，要符合幼儿的年龄特征以及幼儿身心发展的需要；四是参与性原则，要引导幼儿与教师共同参与、共同合作；五是开放性原则，要考虑将内、外环境，大、小环境等各要素相结合，形成开放的幼儿教育系统；六是经济性(实用性)原则，要因地制宜、勤俭节约。

(3)以幼儿园环境创设应采取的方法为依据进行分析。

一是讨论法，教师引导全班幼儿通过讨论的方法选择或确定环境创设的主题和内容，以及与环境材料互动。二是探索法，让幼儿自己在环境中发现问题、独立地解决问题，同时获得知识，以培养幼儿学习的内在动机，提高他们与环境和材料互动的积极性。三是操作法，教师指导幼儿动手操作，让幼儿掌握知识，形成技能技巧和习惯。四是评价法，教师与幼儿共同对环境质量互动效果等进行评价。

参考答案

我认为方老师的做法非常好，很值得学习。

(1)良好的环境会给幼儿美好的享受、探寻的愿望。案例中，方老师精心创设环境，帮助幼儿充分感知祖国的繁荣富强，激发幼儿的爱国热情，提高了幼儿表达内心情感、展现生命力量的意识和能力。

(2)方老师一是注意空间布局，关注幼儿的身高和视点，体现了安全性原则；二是根据主题需要和教学目标来创设环境，体现了环境应与教育目标相一致的原则；三是过程具有探究性和操作性，让幼儿由单纯的欣赏者变成了设计者和参与者，体现了参与性的原则；四是摒弃豪华追求，师幼共同搜集利用废旧材料，体现了经济性原则。同时，方老师整合运用了环境创设的有效方法，与幼儿们共同享受环境创设的乐趣。

总之，教师在环境创设中要有明确的目的性，做好服务和引导，让幼儿踏上亲身体验、合作探寻、共同成长的探索之旅。

案例2　小杨老师的烦恼事

——幼儿园精神环境的创设

案例描述

小(三)班的小杨老师最近有几件烦恼的事情。一是辰辰总是哭闹着不愿上幼儿园，问他为什么，他说："老师不喜欢我，表扬佳佳，还抱他，都没有抱过我。"二是妞妞哭着跟她妈妈说："杨老师好凶，在班上大声说我笨，其他小朋友笑话我。"三是她带班时总是有孩子尿裤子，家长很有意见。

问题：请从心理环境创设的角度评析，帮助小杨老师排除烦恼。

分析视角

1. 提炼案例主题，表明自己观点

案例中的小杨老师没有注意幼儿心理环境的营造。教师的言谈举止给予幼儿的就是一个心理环境，小班幼儿年龄小，特别容易受到影响。良好的心理环境能使幼儿产生积极愉悦的情绪，形成活泼自信的性格特征。反之，会使他们紧张恐惧，从而导致生理功能的障碍和紊乱，甚至形成孤僻、胆怯、不信任等性格特征，极大地压抑了幼儿的童真和天性。教师要关爱每一位幼儿，用爱心、细心、耐心和公心去建立良好的师幼、幼幼之间的交往关系，让幼儿生活在安全温馨的精神环境中，保障幼儿幸福快乐地成长。

2. **明确理论要点，构建答题思路**

(1)以教师的专业标准为依据进行分析。

《幼儿园教师专业标准(试行)》中明确要求幼儿园教师要“富有爱心、责任心、耐心和细心”，要尊重每一个幼儿的人格，维护幼儿合法权益，平等对待每一个幼儿，不讽刺、挖苦、歧视幼儿，不体罚和变相体罚幼儿，帮助幼儿建立良好的同伴关系，让幼儿感到温暖和愉悦。

(2)以幼儿园精神环境创设的要求为依据进行分析。

教师在日常生活和游戏中，一是创设良好的物质环境；二是创设宽容理解的环境，真挚地关心幼儿，始终以宽容之心来看待幼儿的各种生理和心理行为，公平、公正、客观地评价幼儿，并以正面激励为主，使幼儿敢想、敢说；三是创设良好的幼儿群体，逐渐使幼儿产生自信和自主感；四是创设良好的、相互喜爱的人际关系，满足多方面发展的需要，形成良好的幼儿园风气，潜移默化地影响幼儿。

(3)以教师言行对幼儿精神环境形成的影响为依据。

教师是幼儿心理环境的重要创设者。教师微笑的面容、和善的目光会让幼儿有温暖感、安全感和信任感；教师的言行会影响幼儿情绪情感的发展和自我价值感的形成，还会影响幼儿独立人格的形成。

参考答案

我认为小杨老师的做法是不正确的。理由有以下两点。

(1)教师的态度和管理方式应有助于形成安全、温馨的心理环境。教师不能偏爱幼儿，不能随意出现“不准玩游戏”“不许喝水”“到边上站着”等言语，不能毫无顾忌地当众通报幼儿的过失或不足，数落幼儿“笨”或“傻”，以免幼儿产生冷漠、自卑、怯弱等心理偏差，甚至损伤幼儿的人格。教师要宽容、爱护、尊重和信任幼儿，富有爱心的话语和微笑是给予幼儿的最好的内心支持。

(2)小班幼儿的心理和生理都尚不成熟，更多的是从教师的一言一行中感知自己的生存状况。教师要把幼儿看做一个独立的人、一个有表达自己情感权利的人，以及一个既有优点又有不足，并且有自己的愿望和期待的需要别人尊重和注意的独立个体，以营造温暖、轻松的心理环境。

总之，教师要耐心细致地观察、了解幼儿的内心世界，以真诚、热爱和关怀的态度去对待每一个幼儿、关心每一个幼儿、理解每一个幼儿，让幼儿在充满暖意的环境中成长。

案例3　我们想要那些“汉堡”

——活动区的环境创设

案例描述

中二班的刘老师在班级里设置了5个活动区，每个星期让幼儿玩1至2次。幼儿玩的时候，她不时地提醒幼儿：“要小心，不要弄坏了材料。”洋洋和东东在玩“小吃店”游戏，看到架子上面有许多制作好的“汉堡”和“蛋糕”，就说：“刘老师，小吃店的东西好旧、好少，我们想要那些‘汉堡’。”刘老师说：“不行，那些要等下次客人来了再拿给你们。”洋洋和东东看了看，失望地在那里摆弄着，不一会儿，两人因为材料不够而争抢起来。

问题：评析案例中刘老师的做法合适吗？为什么？

分析视角

1. 提炼案例主题，表明自己观点

案例中刘老师的做法是不正确的。在活动区，应该让幼儿根据自己的兴趣和意愿选择活动内容和活动方式，进行小组化和个性化的教育活动。案例中固定的时间、次数、材料和玩法，都是老师一手操办，束缚了幼儿主动性、独立性和积极性的发挥。幼儿失去自由选择、个别化学习与发展的机会，以及表现自己、培养创新能力的机会，没有体现活动区的功能。

2. 明确理论要点，构建答题思路

(1)以活动区的主要作用为依据进行分析。

教师在创设活动区时要努力实现教育的功能。一是要为幼儿提供互动的环境。二是要为幼儿提供个别化的活动机会，幼儿可以根据自己的兴趣、喜好和能力自主选择，发现并尊重每个幼儿的“最近发展区”。三是要为幼儿提供静态和动态相平衡的课程，发挥活动区与集体教育活动之间相辅相成、相互转化的作用。

(2)以活动区的设置策略为依据进行分析。

活动区的设置要具有开放性、可操作性、灵活性、个性化等特点，注意内容与数量的适宜、干湿分开、动静分区、界限明晰、操作方便、进出通畅等，要努力提供静态和动态的课程，给予幼儿更加充分、自主、愉悦的学习与游戏空间，有利于幼儿进行个别活动和自由探索，也有利于个体的主体性发展。

(3)以活动区材料投放的要求为依据进行分析。

活动区材料是幼儿在活动区的物质支持，不是为了应付检查，而是为了幼儿的发展。为了更好地实现教育目标，教师要根据各区域的教育功能，及时投放、增减材料。

参考答案

我认为刘老师的做法不正确。理由有以下三点。

(1)活动区的创设不能只流于形式、应付检查和观摩，要发挥活动区特有的教育功能和自由、自选、独立、协作的优势。活动区每天都应该处于开放的状态，让幼儿有更多选择的机会，使幼儿的自我能力、自我情感能在活动区真实地流露出来，将教育目标自然融入其中，彰显价值。

(2)活动区里丰富多彩的具有启发性的材料是幼儿活动的必要条件。材料是用的，不是看的，幼儿就是在与其互动中积累相应的知识经验，激发创造潜能。另外，活动区材料应该是教师和幼儿共同制作完善的，应随着活动的进程而变化，体现层次性、针对性和发展性。

(3)教师应该是幼儿活动的观察者、服务者和引导者。教师应支持、鼓励幼儿自发地探索和操作材料，根据幼儿在区域活动中的表现，随时给予一定的帮助和指导。

总之，教师要合理利用室内外环境，创设开放的、多样的活动区，提供适合幼儿年龄特点的丰富的玩具、操作材料和读物，支持幼儿自主选择和学习，激发幼儿的学习兴趣与探究欲望。

案例4　洋洋的变化

——家庭环境的创设

案例描述

大(三)班的张老师发现，洋洋在图书区里总是翻翻书就随手丢掉，在探索区也是匆匆开始匆匆结束，坚持性和自控能力发展都不太理想。张老师便及时与家长沟通，交谈中了解到，洋洋的父母很少看书，喜欢玩手机打游戏，认为孩子交给老师就行了。张老师表扬了洋洋的活泼可爱，同时提供了几本科学育儿的书籍，建议洋洋的父母做好榜样，让洋洋在良好的家庭环境中养成安静读书、耐心操作的好习惯。张老师还在幼儿园经常鼓励和陪同洋洋看书、动手制作。渐渐地，张老师发现了洋洋的变化。

问题：请结合家庭环境对幼儿的影响等有关理论对本案例进行评析。

分析视角

1. 提炼案例主题，表明自己观点

案例中张老师的做法是正确的。《幼儿园工作规程》中明确要求，幼儿园要“为家长提供科学育儿宣传指导”。幼儿园代替不了家庭，因为家庭是幼儿成长最初的、最自然的生态环境。张老师能够通过观察发现洋洋发展中需要改进的地方，并及时与家长取得联系，客观评价洋洋的状况，真心关爱洋洋的发展，耐心指导家长科学育儿，这体现了张老师的专业素养和教育情怀。

2. 明确理论要点，构建答题思路

(1)以家庭环境对幼儿发展的影响为依据。

家庭环境是儿童成长的第一所学校，父母是孩子的启蒙老师，所以家庭环境、父母的思想言行对幼儿的成长有着深刻的影响。家长与幼儿天然的联系使家长具有别人难以替代的优势，一旦家长与教师为着一个共同的目标携起手来，那么幼儿参与幼儿园活动的兴趣和积极性就会大大提高，教育的力量和效果就会倍增。

(2)以家园合作的方法策略为依据。

帮助优化家庭教育的环境是幼儿园工作的任务之一，一是换位思考，贴近家长的心，理解和尊重家长的诉求；二是客观评价幼儿，避免“一味报喜”或“兴师问罪”，把握好“度”，以取得家长的信任；三是讲究方法，艺术沟通，一方面要立足于孩子的健康成长，相信家长一定会乐意配合，另一方面要有技巧地回应家长。教师作为专业人员，遇事要冷静，可以通过微信群、家长开放日、宣传栏等渠道，帮助家长更新教育理念，树立正确的儿童观和人才观，共同为幼儿营造和谐一致的教育环境。

参考答案

我认为张老师的做法是正确的。理由有以下两点。

(1)教师要注意观察了解幼儿在活动、游戏中的表现，真诚地热爱每一个幼儿，及时发现幼儿们的需要并跟家长沟通，运用自身的专业知识改变家长的育儿观念，指导家长营造良好的家庭环境，使幼儿园教育与家庭教育同步进行，形成教育合力，达到良好的教育效果。本案例中的张老师正是这样做的，当张老师发现洋洋有坚持性和自控能力较弱的现象时，及时与家长进行了沟通。

(2)所谓“十年树木，百年树人”。每一个幼儿都从家庭生活中获得不同于他人的经验，从而形成自己的行为习惯，不断发展为人处世、学习活动的方式和能力。要想幼儿成为爱读书、有爱心、有恒心的人，做父母的首先就要创建良好、和谐的家庭环境，用自己的言行给幼儿良好的影响，形成家园合作的强大力量。

总之，家庭环境对幼儿成长的影响丝毫不亚于幼儿园，良好的家庭环境将对幼儿起到潜移默化、润物无声的教育效果，会如水般地浸染幼儿。要建立和畅通家园沟通的桥梁，形成合力，共同为幼儿创设健康有利的生长环境。

真题展练

1. 冯老师说：“环境创设很简单，就是贴一贴，摆一摆，随便弄一弄。”俞老师说：“幼儿园环境创设就是要体验手工制作，应该由会手工制作的美术老师来完成。”

问题：请根据幼儿园环境创设的有关知识评析以上两位老师的说法。

参考答案

我认为冯老师和俞老师的说法都是不正确的。理由如下。

(1)幼儿园作为专门的教育机构，环境创设不是随意的，它需要遵循与教育目标一致的原则，是教师根据幼儿园教育的目标及幼儿的发展特点有目的、有计划、有组织地精心创设的。环境创设不仅是美化的需要，更是教育者实现教育意图的重要中介，把教育意图隐含在环境中，让环境去说话、去引发幼儿应有的行为。《幼儿园教育指导纲要(试行)》指出：“环境是重要的教育资源，应通过环境的创设和利用，有效地促进幼儿的发展。”因此，环境创设要根据幼儿的年龄特征以及身心发展的多种需要，顺应幼儿的发展差异，遵循环境发展适宜性原则。所以冯老师的说法是不正确的。

(2)幼儿园环境创设不是哪一位有专长的教师的专利，环境创设是幼儿与教师共同参与合作的过程。幼儿由单纯性的欣赏者变成了计划者、参与者，才能充分认识到自己的能力，意识到自己是环境的主人。当幼儿有了这种意识，才能真正融入进去、真正展示自己，而不是说只让美术老师来完成。所以俞老师的说法也是不正确的。

总之，在幼儿园环境创设的过程当中，我们要遵循教育一致性原则、幼儿参与性原则、开放性原则、经济性原则等。要注意发挥教师在环境创设中的重要作用，在注重创设物质环境的过程中注重精神环境的创设。教师要帮助幼儿建立良好的师生关系和同伴关系。

2. 随着生活水平的提高，家长也开始越来越重视幼儿的教育。很多家长认为，物质环境越好，越有利于幼儿的发展。

问题：你认为这种说法对吗？

参考答案

我认为家长这种说法是不正确的。原因如下。

(1)家长片面地夸大了物质环境的作用，忽视了其他因素对幼儿发展的影响。幼儿园环境不仅包括物质环境，还包括精神环境。物质环境固然重要，但是不能过分夸大物质环境的作用。精神环境对幼儿的影响也非常重要，诸如幼儿园的文化氛围、老师的教育观念与行为、幼儿园人际关系等精神环境因素同样影响幼儿的发展。

(2)《幼儿园教育指导纲要(试行)》指出："幼儿园应为幼儿提供健康、丰富的生活和活动环境，满足他们多方面发展的需要，使他们在快乐的童年生活中获得有益于身心发展的经验。"影响幼儿发展的因素是多方面的，良好的物质环境可以满足幼儿必要的生活学习需求，良好的精神环境更有着物质环境所不能替代的作用。一是有利于幼儿适应幼儿园生活。教师的爱心、耐心和宽容可以有效地稳定幼儿的情绪，使其形成安全感和信任感，帮助幼儿体验到幼儿园集体生活的乐趣。二是有利于幼儿形成良好个性、适应社会生活。良好的幼儿园精神环境为幼儿提供同伴之间共同游戏和学习的机会，尤其重视并发挥幼儿与同伴、与集体的相互作用。三是帮助幼儿理解社会行为规范，同时培养幼儿合群、组织性、纪律性、利他、勇敢和顽强等优良的性格特征，克服孤独、自私等不良的性格特征，有利于幼儿的成长与发展。

总之，教师要运用自己的专业能力，指导家长树立正确的教育观和儿童观、掌握科学育儿的方法、全面科学地认识幼儿的生长环境，形成家园合力，共同创设既对幼儿富有教育意义，又让幼儿感到宽松自由、被尊重、被接纳的良好环境，让幼儿获得自信、幸福快乐、健康成长。

项目七

幼儿园游戏与指导

学习目标

1. 了解幼儿园游戏的性质、特点、类型以及游戏对幼儿学习和发展的独特价值，理解并建立游戏是幼儿园的基本活动的观念。

2. 了解观察游戏的内容、方法，具备在游戏中观察的能力；掌握各年龄阶段幼儿的各类游戏的组织与指导策略；能根据幼儿兴趣和需要提供游戏的材料和环境，科学地安排游戏时间，为幼儿创设适宜的游戏条件，对幼儿游戏活动进行有效的指导。

问题导入

1989 年 11 月 20 日第 44 届联合国大会第 25 号决议通过的《儿童权利公约》第三十一条规定儿童具有“从事与儿童年龄相宜的游戏和娱乐活动”的正当权利。我国《幼儿园工作规程》第二十五条第五款明确指出幼儿园教育应当贯彻“以游戏为基本活动，寓教育于各项活动之中”的原则和要求，第二十九条规定“幼儿园应当将游戏作为对幼儿进行全面发展教育的重要形式”；《幼儿园教育指导纲要(试行)》再次强调幼儿园教育“以游戏为基本活动”。可见，游戏对幼儿的学习与发展意义非凡，不容忽视。那么，幼儿园教师如何正确理解游戏是幼儿的基本活动？又如何贯彻《幼儿园教育指导纲要(试行)》的精神，使游戏真正成为幼儿园的基本活动呢？

任务一　幼儿园游戏概述

本任务主要帮助学习者了解幼儿游戏的含义、特征及常见幼儿游戏的分类，理解游戏作为幼儿的一种权利对幼儿发展的重要意义，以及幼儿园以游戏为基本活动的理论依据和实践意义，树立正确的幼儿游戏观念，并能运用相应的理论知识评析幼儿园游戏的典型案例。

案例 1　“风车转转转”

——理解幼儿游戏的内涵及本质特征

案例描述

活动一：区角活动开始了，幼儿分别选择了自己喜欢的活动区。娃娃家里，“妈妈”正在给“孩子”(玩具娃娃)穿衣服；理发店里，“理发师”帮“顾客”围上毛巾，拿起剪刀(玩具)给“顾客”剃头发；建构区里，有的幼儿在搭建“高楼”，有的幼儿在铲泥沙……过程中传来阵阵笑声。

活动二：幼儿园里，“风车转转转”的科学活动正在进行。教师引导幼儿制作小风车，并一起玩小风车。

问题：你认为这两个活动是幼儿游戏吗？为什么？

分析视角

1. 提炼案例主题，表明自己观点

案例中的第一个活动是幼儿的区角活动，它具有了幼儿游戏的特质，可以看成是一种特殊的幼儿游戏。而第二种活动是幼儿园教学活动的游戏化，即借助游戏的形式来组织教学活动，让幼儿在轻松的环境中增长经验、获得知识，并不是真正意义上的幼儿游戏。

2. 明确理论要点，构建答题思路

(1)从游戏的基本内涵进行分析。

游戏是幼儿的基本活动，它是适合幼儿年龄特点的一种有目的、有意识、通过模仿和想象反映周围现实生活的独特的社会活动，其基本内涵包括：①游戏是幼儿最喜爱的活动，是幼儿生活的主要内容；②游戏符合幼儿身心发展的需要；

③游戏是幼儿特有的一种学习方式。游戏对幼儿动作、认知、智力、语言、情感、个性等的发展都具有重要意义。

(2)从游戏的本质特征进行分析。

游戏作为幼儿活动的一种形式，具有自身固有的特征。游戏的特征是游戏本质属性的表现，人们会从不同的角度、不同的侧面去分析、概括出游戏的本质特征。一般说来，幼儿游戏具有自主性、愉快性、假想性、创造性等本质特征。自由与约束、想象与真实、具体与抽象、练习与探索、目的与手段、过程与结果等相互矛盾的特性在幼儿游戏上达到了对立统一，这也是游戏区别于其他活动的重要特征。抓住游戏的本质特征，才能正确区分游戏与非游戏活动。

参考答案

本案例的陈述是两个活动，从幼儿游戏的内涵和特征来看，我认为：第一个是区角活动，属于幼儿游戏；第二个是科学活动，不是幼儿游戏。原因有以下几点。

(1)幼儿游戏是自主的活动。

幼儿可以自主选择游戏内容、游戏材料、游戏伙伴等，是游戏的主体。第一个活动中，教师是通过创设环境、提供材料等方式来刺激幼儿参加游戏，幼儿在整个活动中自己选择娃娃家或者建构区等游戏内容、自己选择游戏伙伴和材料，体现了幼儿在游戏中的主体性。而第二个活动中，活动的发起人是教师，教师起主导作用，活动的内容、材料都是由教师决定的，是为达到教师进行科学教育的目的，因此是科学活动，而不是幼儿游戏。

(2)幼儿游戏无强制性的外在目的。

第一个活动中，操作过程给幼儿带来了笑声，幼儿重视的是游戏的过程，而非游戏的结果，无强制性的外在目的。而且在第一个活动中，幼儿没有刻意要达到的目标，并不追求某一结果，减轻了为达到目标而产生的紧张和心理压力，使幼儿在游戏中容易取得成功。而第二个活动中，活动开始前教师已经预设好活动所要达到的教学目标，目标指向性很强，因此不属于幼儿游戏。

(3)游戏具有社会性和团体性。

幼儿的许多游戏是真实社会生活的缩影，在游戏中幼儿学习掌握社会行为的规范和人际交往的技能。幼儿的游戏多半是集体性的，他们不会长时间地自己游戏，更喜欢几个人一起玩、合作玩，交流彼此的感受和体验，运用协商、互助、分享等技能，以求游戏可以进行下去。案例中，第一个活动中的理发店、娃娃家等都是社会的缩影，包含社会性和团体性，因而是幼儿游戏；而第二个活动是教师组织的科学活动，社会性不明显，因而不属于幼儿的游戏。

(4)幼儿游戏多是在假想的情景中反映社会生活，是虚构和现实统一的活动。

用幼儿的话来说，游戏中的人、物和景都是“假”的、是“装”的，不是真的。第一个活动中，帮“顾客”围上毛巾等必备物品、拿起玩具剪刀对“顾客”的头发进行操作等，都是在假想的情景中发展的。

通过这个案例分析，我认识到，幼儿园教师只有准确把握和理解幼儿游戏的内涵和本质特点，树立正确的幼儿游戏观，才能认真贯彻执行《幼儿园教育指导纲要(试行)》的精神，使游戏真正成为幼儿园的基本活动。

案例2　中国的小孩不会玩了！

——理解游戏对儿童发展的意义

案例描述

中国有些孩子的父母觉得孩子上幼儿园是来学习的，不是来玩的，幼儿园一天到晚让孩子玩游戏，这样会耽误孩子的学习；为了不让孩子输在起跑线上，幼儿园应该花更多的时间来教幼儿学习画画、英语、钢琴这些“有用”的事情。还有很多年轻的父母总是希望自己的孩子干干净净，不允许他们玩那些可能会使衣服弄脏的游戏。于是，国外有媒体报道“中国的小孩不会玩了”。

问题：如果你是幼儿园教师，你怎样看待这样的评价？

分析视角

1. 提炼案例主题，表明自己观点

国外媒体的报道虽有失偏颇，但也应当在一定程度上引起幼教工作者的重视。培养孩子画画、英语、钢琴等方面的技能固然重要，但是忽视和省去游戏这一重要活动显然是不妥当的；认为玩游戏会耽误孩子的学习，甚至因为怕弄脏衣服而限制孩子的游戏，更是错误的。幼儿园教师要积极主动地向家长宣传正确的教育观念，努力改变家长的错误认识，提高教育水平。

2. 明确理论要点，构建答题思路

(1)从法律的角度阐述。

通过对一些法律条文的解读让这些幼儿家长认识到他们的这种做法是侵犯了幼儿的游戏权，要使家长明白“游戏是幼儿的基本权利”的内涵。

(2)从游戏的价值角度阐述。

“让幼儿从游戏中学习”是幼教界颇为普遍的一句行话。要让家长深刻理解游戏是促进幼儿身心健康和谐发展的有效途径和手段，对幼儿身体、认知、创造力、情感、社会性的发展具有重要的价值。

(3)从教育家长的角度阐述。

幼儿园教师要自觉担负起教育家长的任务，鼓励家长直接或间接地参与到幼儿游戏中，让家长充分认识到游戏对幼儿发展的价值。

参考答案

案例中国外媒体的报道虽有夸大其词之嫌，但这些中国幼儿的家长的做法也是不适宜的。他们存在观念上的偏颇，不懂得游戏是幼儿的基本权利，也没有认识到游戏对幼儿发展的意义所在。

1959 年《儿童权利宣言》强调“幼儿应有游戏和娱乐的充分机会，应使游戏和娱乐达到与教育相同的目的；社会和公众事务当局应尽力设法使儿童得享此种权利”。1961 年“国际儿童游戏权利协会”成立，1971 年该协会发布《儿童游戏权利宣言》。1989 年联合国大会通过了《儿童权利公约》，其中第三十一条明确规定了儿童的游戏权。我国幼儿教育的第一部行政法规《幼儿园工作规程》也指出：“幼儿园应当将游戏作为对幼儿进行全面发展教育的重要形式。”这体现了游戏在幼儿的发展中的重要地位是不容忽视的。由此可见，游戏是幼儿的基本权利，这已是国际上的共识，是有法可依的。案例中的这些中国幼儿的家长因为怕耽误孩子学习画画、英语、钢琴等或怕孩子弄脏衣服而不允许幼儿玩游戏，这样做是剥夺了幼儿的游戏权的侵权行为。家长们必须要认识到自己行为的错误。

同时，我们也要帮助家长们认识到游戏对幼儿的成长具有重要的意义。

第一，游戏能促进幼儿身体的发展。比如走、跑、跳、攀爬、钻挖等，能够锻炼幼儿的身体，促进幼儿的脑和机体的生长发育以及运动能力的发展。

第二，游戏可促进幼儿的心理健康。幼儿对周围的事物有强烈的兴趣，产生了参加成人的某些社会实践活动的强烈愿望。但是幼儿年龄小，受知识、经验、能力等的限制，不可能真正像成人一样参加社会实践活动，而游戏是解决这个矛盾最好的方法。

第三，游戏是促进幼儿认知发展的强有力工具。幼儿通过游戏探索环境，从接触物体中获得知识并解决问题。另外，幼儿的创造力在游戏中表现得十分明显。

第四，游戏能促进幼儿社会性发展。幼儿在游戏中开始学会相互理解，共同遵守规则，学会与人相处，学会发现自我。游戏还可以密切亲子关系，并培养幼儿亲社会行为和社会交往技能。

第五，游戏能促进幼儿人格的发展。幼儿在最喜爱的游戏活动中，心理压力最小，对自己行为的掩饰性也小，因此，在游戏活动中很容易表现出他们的兴趣、态度、能力、特长与不足。幼儿在游戏的时候往往全神贯注、无拘无束，显露出自己的真正本性。游戏有利于幼儿积极情感的发展和消极情绪的疏导，有利于幼儿意志品质的培养和良好性格的形成，有利于幼儿社会适应能力的提高。

第六，游戏有助于培养幼儿的美感。游戏是幼儿产生美感的重要源泉，在游戏中幼儿能自由自在地感受美、欣赏美、表现美和创造美。

由此可见，游戏对幼儿的成长意义重大，作为家长对此要有深刻的理解。

我们可以利用家园联系的手段，通过直接沟通、家园联系册、宣传栏等方式以及举办家长开放日、亲子活动等，让家长观摩幼儿游戏，和幼儿一起游戏，直接感知游戏对幼儿发展的价值。要教育家长用实际行动去尊重幼儿、保障幼儿游戏的合法权益，积极为幼儿创设良好的游戏条件。鼓励家长参与到幼儿游戏中来，伴随幼儿共同成长。

案例 3　这样安排合理吗?

——对游戏是幼儿园基本活动的认识

案例描述

某幼儿园大班一日活动安排如下：

时间	活动形式	活动内容
7:30—8:10	入园、晨间活动	早操及户外活动
8:50—9:20	集体活动	主题：大树妈妈和小树叶(语言)
9:30—11:20	分组活动	主题：去超市购物(社会)
11:20—11:35	集体活动	音乐游戏：好玩的节奏
11:35—14:30	午餐、午睡	
14:30—15:20	户外活动	体育锻炼：拍皮球
15:50—16:40	分组活动	写数比赛：看谁写得快
16:40—17:00	集体活动	谈话活动：我的妈妈

问题：根据你对游戏是幼儿园基本活动的认识，说说该幼儿园的一日活动安排是否合理，并说明理由。

分析视角

1. 提炼案例主题，表明自己观点

该幼儿园的一日活动安排不合理，以分组和集体活动为主，没有安排自发、自选的游戏时间，不能满足幼儿对多种游戏的需要，没有体现游戏是幼儿园基本活动的思想，不能充分发挥游戏在幼儿园活动中的教育价值。应当从活动的形式、内容和游戏时间上进行修改。

2. 明确理论要点，构建答题思路

(1)以文件精神为依据进行分析。通过对《幼儿园教育指导纲要(试行)》《3—6岁儿童学习与发展指南》等文件的解读，指出该幼儿园违背了文件精神。

(2)以当前幼教发展趋势为依据进行分析。从当前学前教育的发展看该幼儿园的一日活动安排有没有跟上时代的发展。

(3)以幼儿园活动的特点为依据进行分析。阐明游戏是幼儿园的基本活动，来分析该幼儿园的一日活动安排有没有落实这一思想。

参考答案

案例中该幼儿园的一日活动安排不合理。

首先，没有贯彻学前教育的重要文件精神。《幼儿园教育指导纲要(试行)》指出："科学、合理地安排和组织一日生活。教师直接指导的活动和间接指导的活动相结合，保证幼儿每天有适当的自主选择和自由活动时间。"《3—6 岁儿童学习与发展指南》说明："要珍视游戏和生活的独特价值，创设丰富的教育环境，合理安排一日生活，最大限度地支持和满足幼儿通过直接感知、实际操作和亲身体验获取经验的需要，严禁'拔苗助长'式的超前教育和强化训练。"而该幼儿园的一日活动中没有安排自发、自选游戏的时间，这就不能满足幼儿对多种游戏的需要；还有一些小组和集体活动的安排带有强化和超前训练的嫌疑，比如"写数比赛"等活动。这说明该幼儿园没有认真贯彻执行《幼儿园教育指导纲要(试行)》《3—6 岁儿童学习与发展指南》这些纲领性文件的精神，做法是不合理的。

其次，该幼儿园偏离了当前学前教育改革的步伐。2018 年 11 月 7 日发布的《中共中央 国务院关于学前教育深化改革规范发展的若干意见》第二十七条指出："坚持以游戏为基本活动，珍视幼儿游戏活动的独特价值，保护幼儿的好奇心和学习兴趣，尊重个体差异，鼓励支持幼儿通过亲近自然、直接感知、实际操作、亲身体验等方式学习探索，促进幼儿快乐健康成长。"可见，坚持以游戏为基本活动是学前教育改革的一个主要方向。当前，国内外学前教育界都在积极探讨游戏与儿童发展、游戏与学习、游戏与教学的关系等问题，意在推动幼儿园课程向游戏化方向发展。如南京师范大学王海英教授《幼儿园课程游戏化的理论与实践》的研究成果，代表我国学前教育发展的先进水平。而该幼儿园的一日活动安排没有跟上当前学前教育发展的步伐，是落后和保守的。

最后，没有真正落实游戏是幼儿园的基本活动的思想。《幼儿园工作规程》第二十五条第五款指出幼儿园要“以游戏为基本活动，寓教育于各项活动之中”，第二十九条指出“幼儿园应当将游戏作为对幼儿进行全面发展教育的重要形式”。幼儿园游戏最符合幼儿身心发展的特点，最能满足幼儿的需要，能最有效地促进幼儿发展，具有其他活动所不能替代的教育价值。所以，幼儿园必须以游戏为基本活动，而该幼儿园的一日活动安排没有体现这一思想。

案例4　节日的公园

——对游戏类型的认识

案例描述

大班某节活动课的主题是“节日的公园”，孩子们用积木、橡皮泥等材料搭建了亭、塔、假山、座椅、游船等公园里常见的实物。一个小女孩说：“这不像节日的公园，节日的公园应该有鲜花、彩旗的。”几个女孩子就拿来各种彩纸、橡皮泥，做起了鲜花、彩旗来装饰“公园”。做着做着，又有孩子提议道：“还要有灯笼。”于是几个孩子一起想办法动手做起灯笼。旁边的孩子看到了说：“我们做花灯吧，过年的时候我在公园里看到过花灯展。”孩子们立即附和：“我们也弄花灯展吧。”于是孩子们都兴致勃勃地参与花灯的制作，他们相互配合，并使用火柴、纸片等辅助完成作品。最后，孩子们真的做出了一盏盏花灯。

问题：这节活动课属于什么类型的游戏？该类游戏有何特征和教育功能？

分析视角

1. 提炼案例主题，表明自己观点

这节活动课的主题是“节日的公园”，主要是幼儿用积木、橡皮泥等材料搭建亭、塔、假山、座椅、游船等公园里常见的实物和用各种彩纸、橡皮泥及废旧物制作鲜花、彩旗、灯笼等物品，属于结构游戏活动。

2. 明确理论要点，构建答题思路

(1)了解游戏的分类标准，理解游戏分类的意义。

学前儿童的游戏分类方法各有不同，如皮亚杰按认知的发展水平将游戏分为练习性游戏、象征性游戏、结构游戏、规则性游戏四类；帕登按儿童社会行为发展将游戏分为偶然的行为、游戏的旁观者、单独的游戏、平行的游戏、联合的游戏和合作的游戏六类；比勒按儿童对游戏的体验形式将游戏分为机能的游戏、想象的游戏、接受的游戏、制作游戏四类；日本心理学家山下俊郎则按儿童的心理活动将游戏分为感觉游戏、运动游戏、想象游戏、接受游戏及结构游戏等。

由此可见，游戏的分类方法很多，而且也没有严格的标准。心理学以儿童心理发展为着眼点，研究儿童自然的游戏，其中以角色游戏为典型的游戏。教育学以游戏作为教育手段为着眼点，既注意儿童自然的游戏，又注意为儿童编制的有规则的游戏。

当前我国较多采用按游戏教育作用将游戏分为两大类：一是创造性游戏，它包括角色游戏、结构游戏和表演游戏；二是规则性游戏，它包括智力游戏、体育游戏和音乐游戏。这样分类的目的是为了便于教师在幼儿园运用和指导游戏活动。

各类游戏活动如角色游戏、结构游戏、表演游戏、智力游戏、体育游戏、音乐游戏等，其特点不同，教育功能不同，指导的方式也应不同。

(2)解答结构游戏的特征和教育作用。

除此之外，还要知道角色游戏、表演游戏、智力游戏、体育游戏、音乐游戏等几类游戏的特征和教育功能，这样才能对类似的案例分析考题做出正确的判断和分析，做到举一反三。

参考答案

该案例属于结构游戏。凡利用各种结构材料或玩具进行建构和造型的活动都可被称为结构游戏，它是幼儿利用各种不同的结构玩具或结构材料(如积木、金属材料、泥巴、沙、水、雪等)，通过手的创作来反映现实生活的游戏。案例中的幼儿活动充分表现出了结构游戏的特征。

结构游戏和角色游戏一样，都是通过幼儿的想象创造性地反映周围生活的游戏，属于创造性游戏，所以创造性是它的特征之一。所不同的是，结构游戏是通过使用一些结构材料来构造各种建筑或物体，通过手的操作活动反映幼儿对周围事物的印象；而角色游戏是通过扮演角色来反映周围生活、反映人与人的交往。因此，操作性便成为结构游戏的主要特征。

另外，结构游戏被称为“塑造工程师的游戏”，它是造型艺术活动。除了游戏的基本功能外，结构游戏还具有自身的教育作用。第一，使幼儿的基本动作特别是手的动作获得协调发展。第二，有力地促进幼儿创造性思维的发展，锻炼幼儿的观察力、形象记忆力、想象力以及设计、构思的能力等，提高幼儿的认知水平。第三，丰富幼儿的知识、经验。第四，培养幼儿做事认真、细致、克服困难、坚持不懈、合作等良好的情感品质。第五，引导幼儿感受建构作品的造型美，激发幼儿自由表现美的欲望，培养幼儿审美和创造美的能力。

任务二　幼儿园游戏活动的组织与指导

本任务主要涉及幼儿园游戏活动的组织与指导策略，包括按照幼儿园游戏的类型、各年龄阶段幼儿的游戏特点来组织与指导幼儿园游戏的策略，游戏环境的创设策略，通过观察确定指导幼儿游戏的方法以及引导幼儿游戏进程的策略等内容。意在帮助学习者掌握这些知识，具备组织与指导幼儿园游戏的能力，并能运用相关的理论知识对有关幼儿园游戏活动的教育案例进行分析评价。

案例 1　三位老师的做法合适吗？

——幼儿游戏的指导方法

案例描述

镜头一：小班幼儿玩“娃娃家”的角色游戏，“爸爸”“妈妈”和其他成员都在各玩各的，根本就没有意识到自己的角色行为。教师这时以“客人”的身份加入，说：“有人在家吗？我是你们家的朋友，今天到你们家来做客，爸爸在哪里？快来迎接客人啊！妈妈在忙什么呢？是为我做好吃的吗？”这样“娃娃家”的每个成员都意识到了自己应该做什么，游戏就开展起来并向更深层次发展。

镜头二：幼儿想搭一座大桥，但选择的材料都是小型的板材，结果桥面搭了很久也没搭好。这时，教师悄悄地拿来一些大型的板材，在幼儿旁边搭起了大桥。幼儿一看，也学着拿来大板材搭了起来，教师微笑着点头表示鼓励。不一会儿，大桥就搭好了。幼儿又搭了一艘漂亮的小船，但是小船没有栏杆，教师看到后，立即说：“你的小船很漂亮，但它没有栏杆，人会掉到水里去的，快给它加上栏杆吧！”幼儿连忙加上栏杆，使小船更像了。

镜头三：“好吃屋”开张了，柜台上摆满了各种各样好吃的食物，一下子来了许多“顾客”，明明就是其中一个，但“营业员”红红坚持不让他进门，明明非要挤进去，两个孩子争吵了起来……

老师走过来：“好吃屋的东西这么好吃，我们也想进去尝尝！”

红红："顾客太多了，坐不下了嘛！"

老师："那我们可以打包带走吗？"

红红："不行！"

老师："那可怎么办？"

红红："你们可以待会儿再来呀！"

明明："好！"

就这样，冲突平息了，游戏顺利开展下去……

一星期后，"好吃屋"的幼儿明显少了，单一的买、卖、吃活动使幼儿对此游戏失去兴趣。教师及时以"经理"的身份参与进去，招聘工作人员，引导幼儿根据材料自己动手，如：用红色蜡光纸包住报纸球制作"橘子"和"苹果"，用白纸撕"面条"，用黄色皱纹纸包住报纸棍做"油条"……

幼儿有事可做，游戏又变得有滋有味！

——改编自《2013年教师资格考试幼儿教育学试题及答案二》。

问题： 请分析以上案例中三位教师在幼儿游戏中分别应用了什么样的指导方法，你认为这样的指导方法合适吗？如果你是教师会怎么做？

分析视角

1. 提炼案例主题，表明自己观点

上述案例中的三位老师既有作为游戏伙伴进行的隐性指导，又有以教师身份直接点拨的显性指导，体现了尊重幼儿游戏的自主性，成功地扮演了教师在幼儿游戏过程中的支持者、参与者、引导者和干预者的角色。其前后的指导虽然方法不同，但都抓住了幼儿游戏的特点，所用方法恰当、适宜。

2. 明确理论要点，构建答题思路

上述案例体现了教师对幼儿游戏的指导作用。幼儿游戏是幼儿自主的活动，但并不是说幼儿游戏不需要教师的指导，幼儿游戏是需要教师指导的。那么如何指导幼儿游戏？

尊重幼儿游戏的自主性，满足幼儿游戏的多种要求。

丰富幼儿的生活经验，这是幼儿游戏的基础和源泉。

为幼儿创设良好的游戏条件。

通过观察确定指导幼儿游戏的方法和途径，引导游戏过程，提高游戏水平。

按照各年龄班幼儿游戏的特点和幼儿游戏发展的水平进行指导。

根据游戏活动类型来确定指导方式。各类游戏活动如角色游戏、结构游戏、表演游戏、智力游戏、体育游戏、音乐游戏等，其特点不同，教育功能不同，指导的方式也应不同。自发游戏和教学游戏二者有着本质区别，因而组织、指导方法也会有差别。

以上是教师在指导幼儿游戏时必须要考虑的问题。本案例主要分析教师在幼儿游戏过程中如何以正确的方式方法进行指导，注意教师对幼儿游戏的指导必须在观察的基础上。

参考答案

上述案例中的三位老师的做法体现了尊重幼儿游戏的自主性，很好地扮演了教师在幼儿游戏过程中的支持者、参与者、引导者和干预者的角色。我赞同这种指导方式。

镜头一是小班幼儿的角色游戏，教师通过观察，发现幼儿游戏内容贫乏，无法深入开展游戏。教师抓住小班幼儿游戏特点，巧妙引导，用扮演角色的方法参与游戏，使游戏情节有了突破，保证了游戏的顺利进行。

镜头二是幼儿的结构游戏。在游戏过程中，教师作为游戏伙伴进行隐性指导："悄悄地拿来一些大型的板材，在幼儿旁边搭起了大桥"，以游戏参加者的身份，用自己的行动以及游戏的语言或材料暗示幼儿的游戏行为，指导幼儿游戏的开展。同时又有以教师身份直接点拨的显性指导：用动作"微笑着点头表示鼓励"和语言"你的小船很漂亮，但它没有栏杆，人会掉到水里去的，快给它加上栏杆吧"，帮助幼儿获得一定的经验，从而更好地开展游戏。

在镜头三中，教师发现幼儿在游戏中发生争吵时，是限制幼儿的游戏行为，还是尊重幼儿，帮助幼儿享受游戏的快乐？这对教师的指导提出了更高的要求。教师通过对话了解游戏的过程，果断而机智地作出回应，积极干预，巧妙地指导幼儿解决了矛盾，尊重幼儿的游戏主体地位，鼓励和帮助幼儿自主游戏、体验成功。接下来，教师根据游戏过程不断创新游戏情节，积极投入"生成"的游戏情境，提高幼儿的积极性，使得游戏主题得以深化和发展。

这几个镜头告诉我们：教师对幼儿游戏的指导必须以尊重幼儿游戏的自主性和保证幼儿游戏的特点为前提；要满足幼儿对多种游戏的需要；要为幼儿创设良好的游戏条件；要按照幼儿年龄特点、游戏发展水平和各种类型游戏的特点来进行指导；要学会通过观察来确定指导幼儿游戏的方法，科学地引导幼儿游戏的进程，提高幼儿游戏水平。如果我是教师，我会将由这个案例所得到的启示用于我今后的工作中。

案例2　孩子们怎么不玩了呢？

——幼儿园游戏环境的创设

案例描述

某幼儿园的每一间活动室都被分割成了若干游戏区：饭店、医院、娃娃家、银行、商店、理发店等，各个区域被教师精心设计和制作的精美逼真的玩具与材料装饰得美轮美奂，乍一看如同置身于一个美丽的"小人国"。幼儿们在这里做些什么呢？在"医院"里，挂号台后面端端正正地坐着一位"小护士"，在长达半个多小时的时间里，因为没有"病人"来挂号看病，"小护士"就一直呆坐在那里，直到游戏活动结束。在"娃娃家"里，幼儿们有的摆弄着精美逼真的各种食物，有的抱着娃娃走来走去。在"饭店"里，"服务员"在等待"客人"上门……

问题：这所幼儿园游戏环境创设是否符合要求？为什么？你认为应该如何做？

分析视角

1. 提炼案例主题，表明自己观点

案例中每一间活动室都被分割成了若干游戏区，各个区域被教师精心设计和制作的精美逼真的玩具与材料装饰得美轮美奂，但整个活动过程中孩子们的表现消极、被动，不能和环境产生互动。这样的幼儿园游戏环境创设显然有不妥之处。

2. 明确理论要点，构建答题思路

(1)指出违背幼儿园游戏环境创设的原则。

游戏环境指游戏活动得以实施的一切条件的总和，包括物质环境和精神环境。游戏的物质环境由游戏空间、游戏材料、游戏时间几个要素构成；游戏的精神环境是无形的、动态的环境，主要指人际关系和心理氛围，如师生关系、同伴关系、班级气氛等。良好的游戏环境创设的原则有以下几点：开放性、动态性、适宜性和参与性。而材料中的这所幼儿园的游戏环境创设严重违背了这些原则。

(2)分析幼儿园游戏环境创设的意义和要求。

幼儿在游戏中的发展直接取决于教师为其创设的游戏环境。良好的游戏环境的创设可确保落实"游戏是幼儿园的基本活动"，确保游戏环境符合幼儿的年龄特点，满足幼儿多样化的游戏需要，促进幼儿与环境发生积极的互动，促进幼儿朝教育所预期的方向发展。

(3)针对问题提出改进措施：如何创设良好的游戏环境。

参考答案

我认为这所幼儿园的游戏区设置不合要求。理由有以下三点。

一是投放材料的过程中发现幼儿的兴趣已经不高，没有及时调整材料，材料也比较单一；二是投放材料时没有考虑到个体差异，每一间活动室分割都相同；三是没有幼儿的参与，虽然各个区域被教师精心设计和制作的精美逼真的玩具与材料装饰得美轮美奂，但不适宜幼儿游戏。所以，整个游戏环境的创设不科学、不合理，没有体现开放性、动态性、适宜性和参与性等游戏环境创设的原则。

《幼儿园教育指导纲要(试行)》指出："环境是重要的教育资源。"游戏是幼儿主要的学习方式，幼儿园是幼儿游戏的主要场所，幼儿在游戏中的发展直接取决于教师为其创设的游戏环境。游戏环境主要包括游戏的空间及游戏材料等物质条件，以及这些物质条件之间的相互关系。良好的、能引发幼儿创造性游戏的环境是开放性的，是符合幼儿发展水平和需要的。幼儿能积极投入，并自由选择、取放玩具、材料，自由支配游戏时间。游戏中的师生关系、同伴关系是平等的、互动的、和谐的。游戏环境的创设和利用对幼儿的发展有着重要意义。

为此，教师应努力创设一个能满足幼儿多种需要，激发幼儿与之互动的游戏环境。要注意的问题是：(1)教师应该研究幼儿，了解幼儿发展水平。(2)游戏环境应蕴含着教师的教育意图和观念。(3)游戏材料的投放要注意其适宜性。(4)游戏空间的安排应相对集中、相互协调、互不干扰。(5)保证幼儿有充足的游戏时间。

那么，应怎样做呢？我认为应做到以下三点。

(1)要对材料重新进行调整。首先，要进行观察，评估每个幼儿的发展状况，根据教育目标为不同发展水平的幼儿提供不同层次的材料，让幼儿在与材料的互动中积累各种经验。另外，要针对幼儿的兴趣和需要投放材料。随着幼儿游戏水平的提高，要及时进行补充、调整，根据幼儿的兴趣和需要，改进或摈弃不适合的材料，开发挖掘新材料，使投放的材料更具有针对性，更符合幼儿的发展水平。

(2)要在活动当中发挥幼儿的创造性。在区域活动中，注意为幼儿提供丰富多彩的、启发性的活动材料，从而解放幼儿的头脑和手脚，给予幼儿足够的自由度，使幼儿充分地表现自我，勇于创新。

(3)要在观察指导的时候给幼儿一定的空间去发挥，给他们宽松的环境去讲述他们的需求、困难等。要仔细地倾听幼儿的"秘密"，要从幼儿的视角去想、去看问题，这样才能更有效地推动幼儿游戏进程。

案例3　我喜爱的孙悟空

——幼儿园表演游戏的组织与指导策略

案例描述

最近，《西游记》的故事引起班级里小朋友的极大兴趣。他们津津有味地听老师讲述之后，还意犹未尽地谈论，很喜欢唐僧师徒四人的形象，尤其孙悟空的形象让小朋友们十分喜爱。他们跃跃欲试，都很想把故事搬到活动室的小舞台上去，都想演一演孙悟空。

问题：如果你是这个班的老师，当你发现了这种情况后，你会怎么做呢？

分析视角

1. 提炼案例主题，表明自己观点

案例中的小朋友听了《西游记》的故事后，对孙悟空的形象很喜爱，都想演一演孙悟空，这说明小朋友有想玩表演游戏的欲望。老师发现了这种情况后，正确的做法应该是立即组织与指导小朋友开展表演游戏，满足小朋友的游戏需要。

2. 明确理论要点，构建答题思路

(1)理解幼儿园表演游戏的含义。

表演游戏是幼儿根据文艺作品中的内容、情节、角色，通过自己的语言、表情、动作创造性地进行表演的一种游戏。幼儿园表演游戏融想象、创造于一体，对幼儿创造能力的培养和发展起着不可低估的作用。理解幼儿园表演游戏的含义是做好组织指导工作的基础。

(2)阐述表演游戏的组织与指导工作要点。

首先，做好表演游戏前的准备工作。包括选择适当的游戏内容、帮助幼儿充分理解作品的内容以及物质条件的准备等。

其次，做好表演游戏过程的指导工作。要做到尊重幼儿选择角色的愿望，指导游戏过程，及时提出有益的建议。

最后，做好表演游戏结束后的工作。要做好游戏后的评价工作，帮助幼儿整理和提升本次游戏的经验。提醒并和幼儿一起收拾玩具、道具，整理场地，培养幼儿良好的行为习惯。

(3)拓展延伸：指导表演游戏，还要考虑各年龄班幼儿表演游戏的特点。

小班表演游戏以动作表达为主，语言简单重复，同伴互动少。指导小班表演游戏时，最好选择语言简洁、精练且重复较多的故事，要密切关注幼儿的游戏情况，随时介入引导。教师主导作用明显。

中班表演游戏的目的性、规则意识增强，表演能力有所提高。指导中班表演游戏时，要强化任务意识，增强游戏的计划性，并鼓励幼儿参与游戏规则的制定。

大班幼儿表演意识和表演技巧提高，游戏的自主性增强。指导大班表演游戏时，要强化舞台意识，支持幼儿自主游戏，促进同伴间合作。

除此之外，还要掌握幼儿园其他类型的游戏的组织与指导工作。能够针对不同类型、不同年龄阶段的幼儿游戏做好组织与指导工作，是幼儿园教师必备的本领。

参考答案

针对案例中幼儿的表现，我觉得是幼儿有了想玩表演游戏的欲望，我将立即组织与指导幼儿开展表演游戏，具体做法如下。

第一，做好表演游戏前的准备工作。

(1)选择幼儿容易理解又便于表演的作品。作品要内容健康、有一定的表演性，要有适合表演的动作、语言及起伏的情节。场景比较集中，道具比较容易制作，使幼儿可以很容易地开展游戏。例如可以在征求幼儿意见的基础上，选择“大闹天宫”的故事进行表演。因为这个故事场景集中，道具简单。

(2)帮助幼儿熟悉该作品，充分理解作品内容。可以通过讲故事、多媒体等形式帮助幼儿熟悉要表演的内容。例如观看电视剧《西游记》中“大闹天宫”这一片段，在讲述中充分运用图片、幻灯片、木偶等教具，及时提问，使幼儿理解作品的主题思想、认识事物形象，采用讲述、复述、桌上排演、木偶表演等方式帮助幼儿熟悉主要情节和优美的语句，使幼儿自愿地要求表演。

(3)吸引幼儿参加表演游戏的物质准备工作。可以让幼儿一起参与游戏环境的创设、道具的准备、服装的准备等方面。例如可以引导幼儿一起准备孙悟空的面具及金箍棒、众神的服装和面具及武器。

第二，在表演过程中做好指导工作。

(1)用建议和商量的口吻帮助幼儿分配角色，并尊重幼儿自己的选择。或与幼儿共同表演，之后再让不同能力的幼儿轮流当主角。对游戏较熟悉后，可由幼儿自己讨论、协商或抽签确定谁演什么角色。出现矛盾冲突时，要引导幼儿学会自己协调解决。

(2)在表演过程中具体进行指导。教师对表演游戏一般不加干涉，只在幼儿忘记了某一情节导致表演出现障碍，或者能力强的幼儿霸占主角或道具而引起纠纷，以及幼儿过多地离开作品任意改编时，教师才能以游戏参加者的身份提醒幼儿思考故事里的人物是怎样的。要适宜地介入，及时提出有益的建议，充分运用游戏指导策略，指导游戏顺利开展。

(3)注意根据各年龄班幼儿表演游戏的特点来指导。例如，对小班幼儿，教师可以先做示范表演；中大班幼儿可自愿、自由地玩表演游戏。

(4)做好游戏结束后的评价工作，帮助幼儿整理和提升本次游戏的经验，并作简要评价。评价幼儿在游戏过程中的表现时，应主要以鼓励和表扬这类正面评价为主。提醒并和幼儿一起收拾玩具、道具。

案例4 “游乐园”里“游客”少

——教师介入、支持游戏的策略

案例描述

老师发现大班“游乐园”的区角“游客”很少，幼儿对“游乐园”不感兴趣。于是老师带幼儿到真正的游乐园参观，看游乐园的设施，鼓励幼儿向管理员咨询问题，记录幼儿的问题，还拍下照片。幼儿在游乐园看到游客滑滑梯、坐摩天轮。回到幼儿园，老师组织幼儿讨论“如何开好游乐园”，并把照片给幼儿回顾。有的幼儿反映没有滑梯，有的幼儿反映没有摩天轮，老师则启发幼儿自己用积木做滑梯、自己画摩天轮。之后，“游乐园”生意红火起来。

问题：请结合案例分析教师支持幼儿游戏活动的策略有哪些。

分析视角

1. 提炼案例主题，表明自己观点

案例中的老师通过观察发现问题，然后带幼儿到游乐园去参观，鼓励幼儿咨询，记录问题、拍照，再组织幼儿讨论交流。老师采用外部干预的介入方式来指导游戏，成功地扮演了幼儿游戏活动的观察者、支持者、引导者的角色。

2. 明确理论要点，构建答题思路

(1)分析教师在幼儿游戏中的作用。

教师是幼儿园游戏环境的创设者，幼儿游戏活动的观察者、引导者、支持者、参与者和分享者，在游戏活动中的各个环节扮演着不同的角色。

(2)分析幼儿游戏的指导策略。

教师对游戏的指导策略主要体现在指导方式上，以间接指导为主。无论是直接指导还是间接指导，都要以不干扰幼儿游戏为前提，以不破坏幼儿游戏的兴趣和游戏的开展为原则，以让幼儿获得游戏的快感以及促进幼儿游戏水平的提升和身心全面和谐发展为目的，让游戏在一种自由的状态下进行。

教师指导游戏就需要介入到幼儿游戏当中去，介入的目的是引导幼儿继续游戏，促进幼儿游戏向高一级水平发展，从而提高游戏质量，促进幼儿全面发展。

另外，教师还要掌握对幼儿游戏评价的策略。对幼儿游戏评价主要是引导游戏的交流与分享，其目的就是帮助幼儿梳理提升已有的游戏经验，把游戏体验引向深入。

总之，教师对幼儿的指导必须以保证幼儿游戏的特点为前提，尊重幼儿的自主性，在丰富幼儿的生活经验的基础上，观察并合理地支持、参与幼儿游戏。否则，一切指导都可能是徒劳的，甚至可能成为幼儿发展的障碍。

参考答案

本案例中，教师采用的是外部干预的介入方式来指导游戏，用以下策略来支持幼儿的游戏活动。

一是观察游戏中幼儿的表现以及游戏的主题及材料的使用情况，及时记录与总结幼儿在游戏中的特点，帮助幼儿把无意识的游戏变为有意识的学习过程，使游戏不断地重复与提高。另外，还让幼儿通过参观、记录、提问的方式发现问题，自己做滑梯、画摩天轮来参与游戏。通过这些，不断地充实和深化幼儿的角色游戏。

二是以交流体验为媒介，引导幼儿自发地进行交流(幼儿向管理员咨询问题，教师记录幼儿的问题)，积极地表达情感，相互体验，共享快乐，共解难题，进一步为幼儿提供表现和交往、学习的机会。自发交流是游戏同伴间对自己游戏的交流，改变了过去交流只是教师对幼儿的自上而下的片面做法，凸显了幼儿在整个游戏过程中的主体地位，更有利于幼儿自主独立创造的个性和社会性人格情感的培养发展。

从这个案例中，可以看出教师在幼儿游戏中需要具备的指导策略有以下几点。

首先，我们要认识到教师作为幼儿游戏活动的组织者，在游戏活动中承担着支持、引导和帮助游戏顺利开展的责任，在游戏的各个阶段扮演着不同的角色。教师除了是游戏环境的创设者、游戏活动的观察者，还是游戏活动的指导者。教师对幼儿游戏活动的指导，主要体现在鼓励、帮助幼儿游戏活动的进行。教师通过情感上的鼓励、动作模仿、操作示范、实物提供、参与、帮助、指导和练习等手段和途径给予幼儿具体的支持，帮助幼儿解决困难、实现游戏愿望。教师要在深入细致的观察的基础上，根据游戏开展情况，选择恰当的介入方式和支持策略对幼儿游戏进行指导。

其次，教师对游戏的指导以间接指导为主。必须要以尊重幼儿的自主性为前提，在丰富幼儿的生活经验的基础上，观察并合理地支持、参与幼儿游戏。在参与游戏时，教师要注意：第一，不干扰幼儿游戏的顺利、正常进行，不限制幼儿积极性、创造性的发挥，不破坏幼儿自主活动的特点。第二，要能灵活地转换角色，或是观察者、监督者，或是材料提供者、游戏的合作伙伴。第三，指导语言应该带有启发性，能激发幼儿积极思维，有利于引导幼儿去探索、解决问题。只有这样，才能使教师对幼儿游戏的参与成为一种指导，而不是一种干涉。

再次，教师要合理介入到幼儿游戏中去进行指导，需要注意以下四点。第一，介入的角色定位要准，既不能以导演的身份控制幼儿游戏，也不能完全放任而不参与幼儿游戏。第二，介入的时机要适宜。一般当幼儿游戏出现困难时、必要的游戏秩序受到威胁时、幼儿对游戏失去兴趣或准备放弃时，教师要适宜介入进行指导。第三，选择正确的介入的方式，如外部干预或是内部干预。第四，根据不同年龄段幼儿游戏的发展水平分层次指导。另外，要注意慎扮“现实代言人”角色，及时退出，以便让幼儿重新控制游戏，从而培养幼儿的独立性和自信心。

最后，教师要对幼儿游戏多进行正面评价，以保持幼儿在游戏过程中的愉悦、成功的情绪体验，激发幼儿再次游戏的愿望。教师要善于运用榜样、表扬等正面教育方法，不断寻找、挖掘幼儿游戏中的积极因素，并利用这种积极因素进行评价。还应尽量让幼儿自己对游戏进行评价。

我不想玩了

真题展练

1. 某老师在语言活动“小乌龟开店”的基础上，组织一次表演游戏。老师一一出示早已准备好的道具，介绍完道具，配班老师带领全班幼儿“开火车”离开活动室，去“剧场”看表演。主班老师忙着在活动室里布置场景：一家花店、一家书店、一家气球店。场地布置好了，幼儿由配班老师带领进“剧场”。主班老师提问：“谁愿意上来表演？”“哗”，几十只小手举起来。老师挑了五个没有举手且上次语言活动表现不好的幼儿上来表演。表演时，老师不停地提示幼儿对话、做动作。第二轮，老师请了五个“做得好”的幼儿上来表演同一个角色。老师还不时地按照故事情节规范语言，纠正幼儿的动作。好多幼儿忙着摆弄有趣的道具，忘了表演，老师又不停地提醒……

问题：结合我国对学前幼儿游戏基本特征的认识，试分析评价该活动是不是真正意义上的幼儿园游戏活动。

——改编自《2013 年教师资格证考试幼儿保教知识与能力每日一练(11 月 26 日)》。

参考答案

这不是真正意义上的幼儿园游戏活动，它没有体现幼儿游戏的自主性、创造性和自娱自乐等特点。

要让这次活动成为真正的表演游戏，我认为应当做到以下几点。

(1)先要帮助幼儿熟悉“小乌龟开店”，充分理解“小乌龟开店”的内容，掌握作品的主题及情节的发展，体验“小乌龟开店”中角色的语言与动作特点。激发幼儿对作品中人物形象的感情，引起表演的欲望。

(2)引导幼儿用自己的语言、动作和表情充分地表现“小乌龟开店”中角色的动作和对话，要求每个幼儿有与别人不一样的独特的表演。

(3)让幼儿自愿分组、自由地玩“小乌龟开店”的表演游戏。教师可予以适当帮助，但不干涉幼儿自由地表演。

2. 李老师带着幼儿做一个模仿游戏，很受欢迎。有一天一个幼儿对李老师说：“老师，我不想跟你那样做，我想和你做得不一样！”老师说好。李老师拍手，他跺脚；李老师扮小花猫，他学大老虎。好多幼儿也和李老师说：“老师，我们也想做不一样的动作。”李老师说好。游戏重新开始，幼儿们做得特别认真，他们做了很多平时没有做过的动作。李老师发现，规则改变后更吸引幼儿注意力，幼儿的反应能力、想象力和创造力都发展了。

问题：请结合李老师的教育行为谈谈幼儿园教师如何使教学游戏化。

——改编自《2012 年下半年 _ 教师资格证考试真题 _ 综合素质幼儿园》。

参考答案

案例中李老师践行了《幼儿园教育指导纲要(试行)》所要求的“游戏是幼儿园的基本活动”的原则，使教学游戏化，体现了正确的儿童游戏观和教育观。

首先，李老师在尊重儿童的基础上，关注到儿童对活动需求的个体差异。当一个孩子说想换一种方式做游戏时，李老师并没有制止或是批评儿童，而是同意儿童的提议。这体现出李老师尊重儿童的人格，平等对待儿童，培养儿童的求知欲和学习的积极性，发散儿童的思维能力，并提高儿童的动作协调能力，以适当的教学活动促进儿童身心健康发展。

其次，当一个儿童提出改变游戏规则引得很多儿童都效仿时，李老师欣然同意，体现出李老师平等对待儿童，尊重儿童人格。李老师促进儿童富有个性、自主的人格发展，实质上是为儿童一生的发展打下了坚实的基础。李老师采取恰当的方法组织儿童活动，促进儿童身心在愉快的活动中得到健康的成长，使儿童在玩中学、在学中玩，同时发展他们对艺术的想象力、创造力，促进其健全人格的形成。

最后，挖掘儿童潜能，促进儿童全面发展。当游戏规则改变后，更吸引儿童的注意力，儿童做了很多平时没有做过的动作，发展了儿童的反应能力、想象力和创造力，使得儿童智力得以进一步提高。轻松的教学活动为儿童带来欢乐的同时，激发了他们的创造力，满足了儿童全面发展的需要。

3. 在一个幼儿园中班的体育活动观摩课中，教师带领幼儿玩“奥特曼打怪兽”的游戏。教师以“奥特曼”的名义写信邀请小朋友帮忙“打怪兽”，通过此情景引出活动。教师讲解示范了游戏规则，要求小朋友爬过“封锁线”，走过“独木桥”，最后来到布置好的场地区，扔沙袋打跑“怪兽”。整个游戏中教师一直以帮助“奥特曼”打跑“怪兽”为主线，穿起整个活动环节，如“奥特曼”邀请小朋友打“怪兽”、送“奥特曼”奖励勇敢的小朋友、“怪兽”重复出现后再次打电话叫小朋友帮忙等。整个活动过程都是在教师的带领下，按照事先确定好的步骤进行。在过程中，教师并没有对幼儿在体育活动中需要掌握的动作进行语言和动作示范，但是小朋友还是玩得很高兴。可是一场游戏结束之后，很多小朋友的家长感觉孩子上的是表演课，而不是体育课。

——改编自周霞、李野：《从三则案例看体育游戏中的问题》，载《早期教育(教育教学版)》，2008(2)。

问题：请根据幼儿全面发展教育的相关知识，结合案例说明在体育游戏中教师应该如何组织幼儿的活动。

参考答案

从表面看，这个体育游戏趣味性强，游戏性浓，情景逼真，热热闹闹，幼儿们感兴趣。但从体育游戏的角度来看，游戏的体育元素却在悄悄流失，似乎更多的是一种表演活动。该活动只是给体育练习中的走、爬、投掷穿了一件好看的衣服，至于怎么走、怎么爬、怎么投掷，教师一句话都没涉及。教师更多的是注重该游戏的参与性、趣味性和完成性，并没有在游戏中让幼儿充分地锻炼身体，练习走、爬、投掷。

由于教师一味地追求游戏的形式、重视幼儿的情感与态度，而忽视了体育游戏最主要的目标——幼儿体能的发展。

我们不是要培养幼儿暂时的参加体育活动的兴趣，而是要培养他们终身参加体育活动的兴趣和习惯。因此，为了让幼儿感兴趣而注重体育游戏的形式和情趣固然重要，但同时也要考虑体育游戏中幼儿能否正确地运用基本技能战胜挑战，真正感受成功的喜悦。只有这样的教育才能达到培养幼儿终身参加体育活动的兴趣和习惯的目标。

4. 游戏“冲过地雷区”设计环节：

(1)孩子们要小心通过布满彩色纸球的小路。

(2)孩子们在教师的带领下先跑步扭身(如在场地上画上一连串大小不一、疏密相间的圆圈)。

(3)让孩子们踩圆圈行走。

(4)最后开始真正的“冲过地雷区”比赛(活动中教师不断增加难度)。

(5)要求孩子们清扫“战场”，即把不同颜色的纸球“地雷”分类放好(结束整理工作)。

——改编自《幼儿教育小学化的危害成因及对策》。

问题：以上游戏活动环节中蕴涵了哪些教育内容？各环节的设计对孩子有哪些教育作用？

参考答案

这个游戏活动的不同环节对幼儿不同能力进行培养：让幼儿要小心通过布满彩色纸球的小路，是热身环节，是为了调动幼儿积极性，培养学习兴趣；跑步扭身和踩圆圈行走是基础训练环节，是为了培养幼儿良好运动习惯；比赛是为了培养竞争意识和对游戏积极的态度，以及投入程度；游戏过程中，幼儿会学到跑、跳等动作，提高了身体控制能力，注意力得到发展；还有训练幼儿勤于思考，智力上的发展；结束的整理工作，是训练良好的行为习惯，还有学习分类、颜色等方面的作用。一个这么简单的游戏活动，却蕴涵了这么多的教育内容。所以说幼儿园教师的教育不是机械的、抽象的，而是通过各种适合学前幼儿年龄特点与心理特点的游戏活动培养幼儿各方面的能力，让幼儿在游戏中发现问题、探索问题、解决问题，增强了幼儿的探索精神和合作精神。

因此，游戏最符合幼儿身心发展的特点，最能满足幼儿的需要、有效地促进幼儿发展，具有其他活动所不能替代的教育价值。

项目八
幼儿园教育活动设计与指导

学习目标

1. 理解幼儿园教育活动的基本概念，明确幼儿园教育的目标，掌握幼儿园教育活动的基础理论知识，并能够分析解释教育现象，在实践中灵活应用。

2. 了解幼儿园教育活动的特点、基本类型和内容，掌握幼儿园教育活动设计的基本策略，并能够分析解释教育现象，在实践中灵活应用。

3. 掌握幼儿园教育制度、教育课程和幼儿园教育活动设计最基本的几大要素，能够分析解释教育现象，具有按照五大领域特点在教育实践中综合设计幼儿园教育活动的能力。

4. 能理论联系实际，运用相关知识和技能分析幼儿园教育活动案例。

5. 树立科学的儿童观和幼儿教育观，激发对幼儿园教育活动设计的兴趣，培养正确的职业素养和分析问题、解决问题的能力。

问题导入

在幼儿园教育工作中，幼儿园教育活动的设计和实施无疑是衡量幼儿园教师综合能力和教育质量的重要内容。科学合理的幼儿园教育活动设计，不仅仅包括幼儿园的教学活动，而且涵盖了游戏活动和一日生活活动等方面，能够全方位地促进幼儿德、智、体、美等各方面协调发展，是教育的基础。只有掌握好幼儿卫生保健、幼儿心理学和幼儿教育学等理论知识，教师才能够更好地设计和实施幼儿园教育活动。在实践操作中，随着教育思想、理念和课程标准等方面的变化，幼儿园教育活动也面临着新的改革，有不少教师在进行设计和实施的过程中都面对着活动设计老套、教育过程僵化、活动目标偏离、缺少教育机智等问题。所以作为一名学前教育专业的学生、将来的幼儿园教师，你是如何理解幼儿园教育活动并做好设计和实施的呢？

任务一　幼儿园教育活动设计与指导概述

本任务主要围绕着幼儿园教育活动的概念、内容和形式以及幼儿园教育活动组织的基本步骤展开，其中幼儿园教育活动主题选择、目标确定和过程组织均为常见考点。学习者首先要理解幼儿园教育活动的实质、设计及组织指导的一般策略，进而掌握活动设计的指导技能，最后能够灵活运用有关知识评析相关案例。

案例1　不上数学课的幼儿园不是“好”幼儿园

——幼儿园教育活动的实质

案例描述

娟娟的妈妈一个月前花大力气将娟娟转到一个人人称赞的幼儿园上中班，现在发现过了这么久，老师还没有安排数学课，简单的四则运算娟娟都要掰着手指算半天。看着其他幼儿园的小朋友都开始背诵乘法口诀了，娟娟的妈妈又着急又奇怪：一个连数学课都没有的幼儿园怎么会是一个好幼儿园呢？

问题：如果你是娟娟的老师，你将如何与娟娟的妈妈沟通关于开设数学课的问题呢？

分析视角

1. 提炼案例主题，表明自己观点

家长的观点是错误的。由案例得知，家长的问题要点在于未能正确理解幼儿园教育活动的实质，将幼儿园教育活动与小学教学活动混为一谈，需要教师对幼儿园教育活动的实质进行解释，同时要兼顾实践运用中的家园合作要点。

2. **明确理论要点，构建答题思路**

(1)幼儿园教育活动的本质就是游戏，而非课程学习。

《幼儿园教育指导纲要(试行)》指出："幼儿园的教育活动，是教师以多种形式有目的、有计划地引导幼儿生动、活泼、主动活动的教育过程。"《幼儿园工作规程》第二十五条第五款明确指出幼儿园教育应"以游戏为基本活动，寓教育于各项活动之中"，"将游戏作为对幼儿进行全面发展教育的重要形式"，道出了幼儿园教育的本质。广义上，幼儿在园的一切活动都是教育活动。幼儿园教育不是体现在开设的课程上，而是体现在为满足幼儿的需要、促进幼儿的发展所开展的"以教师为主导，以幼儿为主体"、激发幼儿主动积极参与的各项活动中。

(2)依据幼儿心理发展的特点，幼儿的数学教育应比较浅显易懂，具有启蒙性。

数学运算大多要求个体具备抽象逻辑性思维，而幼儿的认知水平低、生活经验少，以具体形象思维为主，他们所能理解和接受的只有非常浅显、简单的初级内容。所以幼儿园如果仿照小学开设数学课，势必会造成幼儿教育"小学化"倾向，这是不利于幼儿发展的，也是不利于幼儿今后的学习的。幼儿园教师在设计、组织、实施教育活动时，必须根据幼儿身心发展的特点及幼儿学习的规律，对幼儿进行启蒙的、粗浅的、潜移默化的教育影响。幼儿园开展的五大领域活动中的科学领域，就包含了数学教育活动。数学教育活动涉及数、量、形等知识，但都比较粗浅，并不严格强调数学运算的系统性，更注重激发幼儿对数学的认知兴趣并形成良好的学习习惯等，具有启蒙意义。

(3)幼儿园教师应该真诚地与家长沟通，促进家园合作。

教师要委婉地与家长进行交流，表达对家长忧虑的理解，并用家长能够理解的方式向其解释说明幼儿园教育活动的特点和幼儿教育的本质，以获得家长的理解和认可。切勿强硬地进行说教或命令。

参考答案

如果我是娟娟的老师，我将会这样与家长沟通。

首先，针对娟娟的妈妈对幼儿园教育的关心表示感谢：我非常能够理解您对娟娟的教育的重视及关切，也非常感谢您对我们幼儿园教育工作的关注和支持。对于您所提出的开设数学课的意见，我们存在一些不同的认识和理解，希望能与您进行进一步的沟通。

其次，向娟娟的妈妈阐明幼儿园教育活动的本质。第一，幼儿园教育活动不同于小学教学活动。幼儿园教育属于基础教育，是学校教育和终身教育的奠基阶段。幼儿园教育并非单纯的“课程”开设，而是贯穿于幼儿的一日生活的各项活动之中，其教育内容具有启蒙性、基础性、广泛性、直观性和趣味性，注重良好习惯及品行的培养。第二，幼儿园教育活动是以尊重幼儿身心发展特点为前提和基础的，所选取的内容和教育教学手段都是易于幼儿理解和掌握的。第三，幼儿园教育活动是包含数学教育的。幼儿园的数学教育更多的是在幼儿的游戏活动和一日生活活动中进行的，是以培养他们对数学学习的兴趣和良好的学习习惯的养成，锻炼他们认真、仔细的个性品质为目的，为将来进一步的学习打下一个良好的基础。

最后，安抚娟娟的妈妈的焦虑心情，赢得她对幼儿园的信任：您不要着急，孩子的发展有其一定的顺序，我们要循序渐进。当娟娟逐渐对数、量、形等数学知识产生兴趣的时候，掌握对数字的运用、进一步理解数学运算的规律自然会水到渠成、事半功倍。所以，希望您能够理解和信任我们幼儿园的教育安排，也请相信您的女儿，并继续支持我们的工作。

案例 2　西红柿长在哪里

——幼儿园教育活动的设计策略

案例描述

马上要开始“认识蔬菜”的主题活动了，孩子们兴高采烈地围绕在教室里的自然角，他们把相关的图片、绘画和收集来的蔬菜都放在了一起。张老师打算利用这一次活动带着孩子们认识蔬菜的特征，了解蔬菜的成长过程和营养价值。然而，有几个孩子对西红柿生长在什么地方发生了争论。有的幼儿认为西红柿长得像苹果一样，应该是从树上摘下来的；有的幼儿认为西红柿应该像黄瓜那样长在长长的藤上；还有的幼儿信誓旦旦地说西红柿是从土里拔出来的。孩子们热烈讨论的这一情境并未引起张老师的注意，她平复了幼儿兴奋的情绪，继续执行了她事先的教育计划。

问题：请结合案例，试想如果你是张老师，面对幼儿热烈讨论的这一情境，你会怎么办?

分析视角

1. 提炼案例主题，表明自己观点

由案例得知，问题要点在于幼儿园教育活动的设计类型的变化。在实践中，教育活动的设计经常需要根据具体情况进行及时的调整，才能够适应幼儿的需要。而案例中张老师没有及时对教育活动过程中出现的幼儿兴趣点进行挖掘和发散，因势利导地设计教育活动，这是错误的行为。

2. 明确理论要点，构建答题思路

(1)幼儿园教育活动的设计是幼儿园教育活动的前提条件。

教师在开展活动之前，需要依据相关的政策法规，分析幼儿当前生理、心理发展的需要，结合教育目标的要求，选择恰当的内容和方法，进行活动的预先设计。在设计中，教师需要设想活动的进程、步骤及可能出现的问题等，以保证教育活动的顺利开展。

(2)幼儿园教育活动的设计应该根据幼儿需要随时调整或补充。

幼儿为教育活动的主体，在活动中幼儿充满了主动性和创造性。因此，教师在开展教育活动时不能一成不变，机械照搬原先的活动设计，而应追随幼儿的经验和发展，针对活动中出现的问题和现象临时进行调整设计。这种调整可以针对某个环节，也可以是临时激发幼儿自主学习的设计，充分体现幼儿园教育活动设计所要求的教师教学艺术性和创造性。

参考答案

我认为张老师的举措是错误的，理由如下。

第一，在教育活动开始之前，教师需要认真细致地做好活动的设计工作和备用方案。而案例中张老师面对着幼儿的兴趣和需要与自身教学准备不匹配的困境，幼儿的兴趣由认识蔬菜转变到西红柿长在哪里。幼儿在自主的活动中产生了需要，并且这一点同样具有探索的价值。此时幼儿教育的本质就要求教育活动设计者根据幼儿的特点、表现、兴趣和需要随时对活动进行调整或补充，而不是生硬照搬原有设计，这会使活动效果大打折扣。

第二，要善于根据具体情况调整预先的教育设计。如果我是张老师，我会及时调整幼儿教育活动的设计内容。我会因势利导，不拘泥于事先制订的计划或方案，顺应幼儿的需求，利用幼儿的好奇心和求知欲，增长幼儿知识，培养探究精神，同时细心呵护他们的创造力和想象力。我会鼓励幼儿把自己的想法画下来，让幼儿带着绘画作品去查找资料，还可以带他们去田地里参观西红柿和其他蔬菜的成长，关于蔬菜的相关知识内容和情感价值观的训练也可以从关于西红柿的活动中引申出来。

案例3　吹泡泡

——幼儿园教育活动的设计步骤

案例描述

大班的胡老师为幼儿提供了各种吹泡泡工具，有吸管、铁丝绕成的圈、塑料吹泡泡棒等，让幼儿在户外活动时可以吹泡泡玩耍。幼儿在吹泡泡的时候，有的能吹出很大的泡泡，有的只能吹出小泡泡，有的能一次吹出好多个泡泡，有的一次只能吹出一个泡泡……结果有的幼儿得意，有的幼儿沮丧。针对上述现象，胡老师打算组织一个科学教育活动，以引发幼儿深入探究的兴趣，并使幼儿了解不同的吹泡泡工具与吹出的泡泡之间的关系。

问题：如果你是胡老师，你会如何设计该活动？请概括说明。

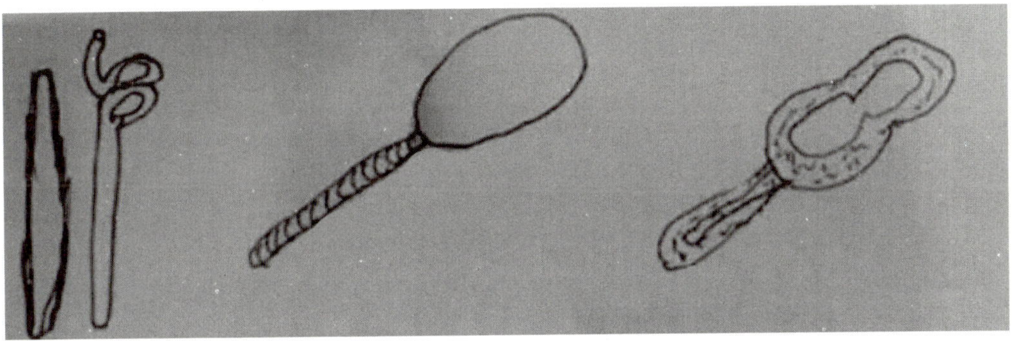

分析视角

1. 提炼案例主题，表明自己观点

由案例得知，本题主要问题就是教育者进行幼儿园教育活动的设计步骤，只要把握住科学领域活动的主要教育特点，概括说明设计的步骤并简要解释设计理念即可，属于幼儿园教育活动设计的基础性题目。

2. 明确理论要点，构建答题思路

(1)理解幼儿园科学教育活动的本质要求和教育目标。

幼儿园科学教育活动是幼儿园教育活动的重要组成部分，一般以科学素质的早期培养为基点，以辩证唯物主义的观点指导幼儿科学教育，以自然生态和科学技术的观念渗透幼儿科学教育。《幼儿园教育指导纲要(试行)》明确规定了幼儿园科学教育的目标包括激发“好奇心和求知欲”，能“动手动脑，探究问题”，“能用适当的方式表达、交流探索的过程和结果”，“体验到数学的重要和有趣”，“爱护动植物，关心周围环境，亲近大自然”等。

(2)遵循科学的幼儿园教育活动的设计步骤进行设计。

幼儿园教育活动的设计分为几个步骤，首先分析幼儿情况，确立活动目标；然后设计活动过程，把握内容重难点，以确立活动的组织形式，并选择教育方法和途径；在此基础上做好活动准备；最后编制整个活动计划。活动计划方案一般包括活动名称、活动目标、活动准备、活动过程和延伸几个基础环节，在本题中进行简要说明即可。

参考答案

如果我是胡老师，我的设计如下。

一、活动名称：吹泡泡(大班科学活动)

二、活动目标：

(1)了解吹泡泡与工具之间的关系。

(2)尝试用不同的材料制作吹泡泡工具，能够用语言表达猜想的操作结果。

(3)产生积极探索科学活动的兴趣，体验成功的乐趣。

三、活动准备：幼儿玩过吹泡泡的游戏；各类带孔的塑料玩具、吸管、漏勺、梳子、牙刷、硬卡纸、树叶、苍蝇拍等；《吹泡泡》音乐。

四、活动过程：

(一)情景导入：

(1)听《吹泡泡》音乐，激发学习兴趣。

(2)组织谈话，调动幼儿已有经验，引出吹泡泡工具。

(二)活动展开：

(1)展示各种吹泡泡工具，鼓励幼儿大胆猜测。

(2)幼儿动手运用不同工具尝试吹泡泡，教师及时给予支持与帮助。

(3)幼儿自己动手，运用各种材料尝试制作吹泡泡工具。

(4)幼儿尝试用扭、绕、团、折等多种方法改变铁丝的形状，制作吹泡泡工具。

(三)活动结束：

(1)教师和幼儿随《吹泡泡》音乐玩吹泡泡的游戏，体验成功乐趣。

(2)教师总结。

五、活动延伸：将幼儿带到科学角尝试制作泡泡水，培养幼儿良好的操作习惯和科学探索能力。

案例4　小马老师的困惑

——幼儿园教育活动的目标

案例描述

小马老师刚来幼儿园实习，园长要求他准备小班的一堂音乐教育活动和一堂科学教育活动，于是小马老师信心满满地开始设计。

活动一：音乐活动“小白兔”

活动目标：熟悉儿歌音乐，学习音乐游戏的基本玩法；加强音乐的节奏感……

活动二：科学活动“认识小兔子”

活动目标：知道2种以上小兔子喜欢吃的食物；学习词汇“长长的”“红红的”等……

小马老师把自己的设计方案交给园长，然后被返回来要求修改。他困惑地想，到底哪里错了呢？

问题：小马老师的设计方案真的有问题吗？如果让你来修改，你会怎么改？

——改编自张淑琼：《幼儿园教育活动设计与实施（第2版）》，15—16页，北京，北京师范大学出版社，2014。

分析视角

1. 提炼案例主题，表明自己观点

由案例可以得知，答题要点在于幼儿园教育活动目标的设计。案例提供的两个教育活动的目标都不准确，存在或多或少的问题，需要根据教育活动目标的设计与书写原则进行修改。

2. 明确理论要点，构建答题思路

幼儿园教育活动目标的表述一般有两种方式——发展目标和教育目标。《幼儿园教育指导纲要（试行）》强调教师应该关注幼儿发展，从幼儿的角度审视教育活动，用幼儿口吻表述活动成效，故一般使用发展目标表述。教育活动目标要具体、有针对性，越具体越有操作性，方便教师准确把握活动效果，更加细致地指导幼儿。同时，布鲁姆为教育活动目标建立了划分标准，依次按照认知、情感、动作技能三大类目标进行。《幼儿园教育指导纲要（试行）》倡导幼儿园教育活动内容的联系和渗透，每个教育活动目标应该有效整合至少两个领域，本案例的教育活动目标需要对此进行补充。

参考答案

小马老师的设计方案中目标表述存在问题，缺乏针对性和系统性。

音乐活动“小白兔”的目标是典型的“万金油”目标，放在任何一个音乐活动中都适用，没有明确具体的音乐活动目标。目标中包含的内在价值过多，反而影响了教师指导的针对性和具体化，需要将活动预期效果细化。修改方案如下：初步熟悉儿歌音乐，用拍手感受节奏，并在强拍子时加上跺脚；能够跟随音乐的节奏和强弱拍手、跺脚。

科学活动“认识小兔子”的教育目标定位没有错误，但只有认知层面目标，缺少情感、动作技能层面的发展，需要增加活动的内隐目标——呵护生命的内容。修改方案如下：认真观察小兔子，并能说出其典型的外在特征；了解小兔子的生活习性，知道小兔子爱吃的食物；温柔地触摸小兔子，产生对小动物的呵护之情。

案例5　蜡笔之“战”

——幼儿园教育活动的准备

案例描述

在一次美工活动中，王老师准备了15套蜡笔给30个小朋友，让他们画出美丽的春天，孩子们开开心心地在纸上涂涂画画起来。突然文文大叫起来：“啊！老师，小花抢我的画笔！”“我要画了，你都画好久了！”小花也生气了，“老师说我们轮流用的，你都不给我！”“我还没画完呢，画完才能给你呀！”文文感到委屈。王老师赶紧过去协调：“不要抢，小朋友们要懂得相互谦让！”可另外两个小朋友马上又因为都要用红色的蜡笔画太阳而争执起来，王老师劝完这边劝那边，感到很疲劳。

问题：这次教育活动的问题出在哪里呢？你可以告诉王老师吗？

分析视角

1. 提炼案例主题，表明自己观点

由案例可以得知，问题出在基于幼儿身心发展特点的幼儿园教育活动的准备工作没有做好。由于幼儿年龄小、身心发展比较慢，具有“自我中心化”的特点，很难进行“分享”“合作”等社会交往，教师在活动前就需要做好经验准备和材料准备。

2. **明确理论要点，构建答题思路**

幼儿园教育活动开展之前，教师为了更好地完成任务，需要做相应的情景铺垫、物质材料准备、幼儿经验梳理等工作。所以在做活动准备时，要从经验准备和物质准备两方面进行。经验准备是幼儿目前的心理发展状态和已有经验是否适宜，物质准备就是幼儿园教育活动开展所需要的教具、材料、场地安排等。本案例中王老师就是没有掌握幼儿的心理发展状态，物质准备不充分。

参考答案

为了给幼儿提供更好的学习或发展机会，教师在开展教育活动前必须做好充足的准备。案例中幼儿年龄较小，正处于“自我中心化”阶段，缺乏合作、分享与谦让的意识，大多以独自活动、平行活动为主，活动中一定要满足幼儿需求。由于王老师在活动前准备的蜡笔不足，活动过程中材料不够用，只有让幼儿轮流使用蜡笔，导致文文和小花为了谁来用蜡笔而产生争执，妨碍了有意义的创作活动。事实上，在教育活动开展前教师就应该考虑到幼儿的心理发展状态，准备足够多的蜡笔，使活动安排满足幼儿需要，避免活动中由于材料或工具不够用而导致活动开展不顺畅、浪费时间、效果受到影响的状况。

案例6　美丽的秋天

——幼儿园教育活动的方法

案例描述

小星星幼儿园组织老师们集体备课，正逢秋天到来，大家讨论可以围绕“美丽的秋天”来开展教育活动，将活动目标定为“感受秋天的美丽景色，学习用色彩去描画秋天，发展想象力、审美感和创造能力”。几位老师分别拿出了不同方案。

方案一：组织幼儿到公园里秋游，老师与幼儿开展关于秋天的对话：“你都看到秋天的什么景色了？你最喜欢什么(例如叶子变黄/红，桂花开了，小鸟飞去，树上挂着果子等)?”然后组织幼儿将景色画下来。

方案二：向幼儿出示秋天景色以及各种动植物的图片，请幼儿找一找哪些图片可以贴在秋景的图片上(例如菊花、大雁、稻子、苹果、黄色叶子等)，然后请幼儿说一说还有哪些景色是秋天才有的，最后请幼儿在纸上画出自己喜欢的秋天。

方案三：让幼儿欣赏配乐散文诗《秋天》：“……秋风姐姐对着大树吹口气，大树摇啊摇。一会儿抖落一只金蝴蝶，一会儿抖落一只红蝴蝶，一会儿抖落一只花蝴蝶……”鼓励幼儿进行交流讨论，感受秋天的美，最后把自己听到的、想到的秋天画下来。

问题： 请从幼儿园教育活动的方法设计角度分析案例中三个方案。

分析视角

1. 提炼案例主题，表明自己观点

由案例可以得知，问题要点在于幼儿园教育活动设计中方法的设计，案例提供的三种方案都有其优缺点。针对某一活动主题和目标可以采取多种教育方法，具体选择使用哪一种方法要根据活动的目标、幼儿的特点等多方面来决定，一般都是综合运用以取得良好教育效果。

2. 明确理论要点，构建答题思路

(1)采用直观类方法。直观类方法能够吸引幼儿兴趣，帮助理解记忆，是幼儿园教育活动中最常用的教育方法。

幼儿园教育活动方法是师生在共同活动中为了完成一定的活动任务而采用的手段，既包括教师教的方法，也包括幼儿学的方法，一般分为直观类方法(观察法、演示法、示范法等)、语言类方法(讲述法、谈话法、讨论法等)和实践类方法(练习法、操作法、游戏法等)三种。教师需要科学有效地运用各种方法，以保证幼儿正确地掌握知识、技能，激发幼儿的活动欲望，使他们主动学习。幼儿认知能力较差、生活经验不足，而直观类方法能够有效吸引幼儿的兴趣，集中幼儿的注意力，并使幼儿直接获得感性认识，便于理解和记忆，是幼儿园教育活动最为常见的方法。

(2)采用最合适的教育方法。没有最好的教育方法，只有最合适的教育方法。

案例中的教师围绕着“美丽的秋天”设计了三种不同的活动方案，需要分析不同活动方案获得的不同教育效果。每一种方案都有其优缺点，并没有适合所有情况的最好方案，只有根据幼儿具体的发展水平和需要来选择合适的教育方法。

参考答案

案例中的三种方案都采用了教育活动的综合方法，分别从直接、间接、视觉、听觉、具象、表象等不同层面锻炼幼儿的能力，各有特色。

方案一采用了观察法和谈话法。开展秋游活动为幼儿创设观察条件，并提供了观察内容和对象。教师采取语言引导的方式，调动幼儿多种感官参与观察，激发积极的思维活动，同时发展幼儿语言表达能力。最后通过绘画的方式归纳整理，记录下幼儿的感受、体验、发现和认识。

方案二采用的是观察法和实践类方法中的操作法。首先利用观察图片激发幼儿想象能力，方便简洁，节约人力物力。然后让幼儿亲自动手操作直观教具(图片)，绘画秋天，进行比较(秋天与其他季节有什么不同)，锻炼幼儿的创造力、想象力和动手操作能力。

方案三采用欣赏法和描述法，让幼儿能够感受秋天，陶冶情感、培养审美能力、丰富精神生活，同时促进幼儿的语言、想象和联想能力以及具体形象思维的发展。

不同的方案适合有不同经验的幼儿，可以根据实际情况如幼儿水平与经验、兴趣爱好、材料、环境等来进行选择。

案例 7　自己叠裤子

——幼儿园教育活动的延伸

案例描述

小班的李老师开展了一次健康教育活动“小褂子，抱一抱”，指导小朋友们学会衣服的折叠整理。小朋友们学得很认真，慢慢地在练习中基本都学会了怎么样叠好自己的外套。李老师接着安排了本次活动的延伸活动，要求小朋友们回家后自己叠裤子。

问题：李老师的安排是否合理?

——改编自张淑琼：《幼儿园教育活动设计与实施(第 2 版)》，18—19 页，北京，北京师范大学出版社，2014。

分析视角

1. 提炼案例主题，表明自己观点

由案例可以得知，问题要点在于幼儿园教育活动设计的延伸环节。延伸环节的主要要求是保持教学活动的完整连贯性，切忌“脱节”即脱离幼儿发展的实际。而本案例中李老师的设计就不适合幼儿的发展需要。

2. 明确理论要点，构建答题思路

幼儿园教育活动设计的延伸环节的目的是使幼儿在活动中获得的经验能够在活动结束后得到巩固和延续，必须切合活动目标的方向，使幼儿在活动结束后继续练习，达到熟练的程度。所以，延伸环节的设计应该与教育活动的内容设计一脉相承，而且要考虑到幼儿本身的发展情况，不能单纯为了延伸而延伸。

参考答案

案例中李老师的安排并不合理。因为幼儿园教育活动的目的是为了帮助幼儿获得生活经验和技能，所有环节的设计都需要考虑到幼儿的实际需求和接受能力。在本案例中，李老师设计了一次健康教育活动，教会幼儿折叠外套(小褂子)，这非常切合幼儿需求和能力。但李老师在原本应该帮助幼儿巩固延续折叠外套技能的延伸环节安排幼儿折叠裤子，而幼儿难以由本活动将这个新技能进行迁移，不能完成李老师的要求，所以是个无效的设计。

任务二　幼儿园五大领域教育活动设计与指导

本任务主要围绕幼儿园教育活动的内容设计与实施展开，包括健康、语言、社会、科学、艺术五大领域的教学设计，其中幼儿园语言教育、社会教育和科学教育活动是案例分析测试中的常见考点。学习者首先要理解幼儿园教育活动内容选择和实施的要领，进而掌握五大领域教育活动设计的要点，最后能够灵活运用有关知识点分析相关案例。

案例1　演习≠游戏

——幼儿园健康教育活动设计

案例描述

每学期的幼儿园防震防灾安全教育活动周到来了，为了提高师生的应急处理能力和自救能力，小星星幼儿园打算在本周五开展一次逃生演习活动。接到通知后，王老师突然想到一个好办法，她告诉小朋友们，如果有谁不乖乖听话就不让他(她)参加演习活动。这是王老师到小星星幼儿园后第一次参加类似的活动，她希望在大家面前表现一下自己，于是先自行在班级里面组织预演习。她命令小朋友们："当老师喊'要地震了，快跑'时，大家赶紧抓住自己的小背包，然后往操场上跑，大家明白吗？我们来比一比谁跑得快。"

问题：王老师的做法对吗？应该如何开展安全演习教育活动？

——改编自沈雪梅：《关爱与方法：幼儿行为观察案例分析》，80页，上海，复旦大学出版社，2014。

分析视角

1. 提炼案例主题，表明自己观点

根据《幼儿园教育指导纲要(试行)》中五大领域的目标、内容与要求的划分，本案例是典型的健康领域教育中的安全常识教育，答题要点在于如何正确地完成一次幼儿园安全教育活动。案例中王老师出现了多处典型的教育错误，需要得到改正。

2. 明确理论要点，构建答题思路

(1)幼儿园安全教育活动具有非常重要的地位。

幼儿园五大领域中的健康领域主要包括心理健康教育、身体保健教育和体育锻炼三个方面，主要目标包括“知道必要的安全保健常识，学习保护自己”，安全教育的重要性毋庸置疑。在安全教育活动中，防震防灾安全演习教育活动是每个幼儿园都必须重视并组织全体师生完成的一项任务，重点在于让幼儿在锻炼身体敏捷性的同时学会自我保护。

(2)幼儿园安全教育活动需要教师树立正确观念，并注重所有教育细节。

“细节决定成败”，幼儿园安全教育活动并不是单纯的知识灌输，而是要注重教育细节。在案例中出现多处的典型的教育错误，导致幼儿危险情况出现。这其中包括王老师对幼儿园安全教育活动的错误理解，活动中对幼儿下达的指令并不准确果断，还出现常识性错误，将危险情况比作游戏，发出错误指令。

参考答案

案例中王老师的做法有很大的错误。

在公共场合尤其是幼儿园环境中，防震防灾安全演习教育活动是非常重要的教育活动。而王老师对安全演习教育活动的重要性认识不到位，将严肃的安全演习教育当成奖励或惩罚幼儿的一种道具，任意剥夺幼儿的参与权，曲解了安全演习的意义，容易让幼儿将安全演习教育错误地认知为一次游戏，难以达到了解意外事故常识和学习自我保护与求生的目的。除此之外，在组织预演习的过程中，王老师下达的指令具有常识性错误：地震危险发生时，第一时间就应该离开室内，不要留恋任何物品，并且应该有序前进，而不能追逐乱跑(“比一比谁跑得快”)。

针对安全演习教育活动，首先，教师必须认识到活动的重要性和严肃性，理解活动开展的意义和价值，不能将其当作一个游戏活动或练习活动；其次，组织安全演习教育活动的目的还是学习安全教育知识、培养幼儿的安全意识、增强幼儿自我保护的能力，所以教师应该事先带领幼儿学习自救的相关知识和技能，使幼儿明白自己应该做什么和怎么做；最后，开展安全演习教育活动时，教师应该发出准确指令，组织幼儿有序逃离，防止出现踩踏危险。

案例2 小猪，小猪，脏乎乎

——幼儿园语言教育活动设计

案例描述

绘画活动结束了，泽泽在纸上画了一只胖乎乎的小猪，可开心了。画了大公鸡的文文突然指着泽泽的画说："小猪，小猪，脏乎乎！"有节奏的韵律让小朋友们一下子哄笑了起来。泽泽着急地反驳："小猪不脏，小猪不脏！大公鸡才不好看呢！""可是大公鸡有儿歌啊。"文文骄傲地唱起刚学会的儿歌，"大公鸡，喔喔啼，红红冠子花花衣，尖尖嘴儿把歌唱，天天叫我早早起，早—早—起。"泽泽脸都涨红了。张老师连忙制止小朋友们的争执："泽泽不要着急，谁说小猪没有儿歌呀？咱们现在就来编一首小猪的儿歌。"顿时，小朋友们欢呼起来。张老师顺着文文唱的《大公鸡》开了头，并问小朋友们："小白猪，然后怎么样？"一个小朋友回答："呼噜噜。"泽泽连忙接上："爱清洁，嗯……""怎么喜爱清洁？"张老师引导小朋友们。"要天天洗澡！""要讲卫生！""要……"小朋友们争先恐后地回答，"我是香香的小猪！"最后，大家一起唱起了这首儿歌："小白猪，呼噜噜，喜爱清洁不马虎，天天洗澡讲卫生，我是小猪香乎乎，香—乎—乎。"

问题：请结合幼儿语言教育的相关内容，分析案例中张老师的教育行为。

分析视角

1. 提炼案例主题，表明自己观点

幼儿期是语言发展的关键时期，随着发育的日渐成熟和思维水平的提高，幼儿语言在运用过程中逐步发展、日渐丰富，书面语也在口头语的基础上迅速发展。本案例的要点就在于教师巧妙地利用幼儿一日生活中出现的契机灵活调整教学，开展语言教育活动。

2. 明确理论要点，构建答题思路

(1)幼儿园教育活动实施过程中应响应幼儿需要，进行恰当转变。

幼儿园教育活动并非总能够按照原有计划实施完成，在实践过程中会出现多种突发情况，这就对教师的活动前准备过程和活动中应急行为提出了要求和挑战。这次活动充分体现了"以幼儿为主体"和"生活即教育"的内涵，幼儿因为理解能力与生活经验的局限产生冲突，教师敏锐地觉察到幼儿对于自尊的维护，并及时制止冲突，转而将其巧妙地变成了语言教育的良机。

(2)掌握幼儿园语言教育活动的实施要点，达到最佳教育效果。

幼儿园语言教育活动分为谈话活动、讲述活动、听说游戏、文学作品学习活动和早期阅读活动五种类型，利用示范、讲解、练习、谈话、讲述、描述、表达、表演等教学方法，以达到主动积极倾听、获取有用信息等多个目标。这就要求在语言教育活动中，教师本身要具有较强的口语表达能力，热情关心、尊重、平等对待不同语言发展水平的幼儿，耐心认真地倾听并鼓励幼儿运用语言进行表达。教师必须了解幼儿语言发展的特点，准确把握不同年龄阶段的教育重点，创设适当的氛围和环境，让幼儿想说、敢说、有机会说，有意识地利用各种活动丰富、发展幼儿的语言能力。

参考答案

本案例是由一次争执引发的幼儿园语言教育活动，张老师对危机的及时转化将这一突发情况巧妙地变成了教育的良机。

在原本的绘画活动中，张老师正在带领幼儿完成增强审美的情感态度目标，泽泽对自己作品的骄傲正是自信感、成就感的表现。但因为画的内容使幼儿产生了争执，如果教师没有敏锐地觉察到冲突的重点、及时彻底地解决冲突，可能会对幼儿的身心成长产生不良影响。针对“小猪脏不脏”的问题，张老师没有简单地定性，而是顺应幼儿的兴趣，引导幼儿调动已有的认知和经验，进行了有趣的语言创编活动，充分调动幼儿的主动性、想象能力和创造性，使幼儿在轻松愉快的氛围中解决冲突，发展语言能力和创造能力，在活动中获得自信。

这次活动充分体现了“以幼儿为主体”和“生活即教育”的内涵，张老师正是抓住生活中这一可以利用的、有价值的教育契机和资源，及时发展了幼儿语言。在活动中，教师需要创设适当的氛围和环境，让幼儿充分感知，在无拘无束的气氛中自由地进行表达和创作；抓住教育契机激发幼儿语言交往的兴趣，用适当的话题引起幼儿兴趣，鼓励幼儿相互沟通、尽情表达；提供幼儿语言交往的机会，日常生活中也要把握时机，积极引导并支持幼儿进行语言练习，将教育渗透生活，增加幼儿生活经验，丰富幼儿词汇。

案例3　妈妈，我爱你

——幼儿园社会教育活动设计

案例描述

活动过程设计：

(1)观看亲子录像，感受妈妈的爱。

“老师今天带来了一些小朋友和妈妈的录像，我们看看妈妈是怎样爱宝宝的，她们都为宝宝做了哪些事情?”

引导幼儿讲述妈妈是怎样爱自己的,“你来想想自己的妈妈平时是怎样爱你的?”

(2)总结——妈妈很爱你们,她们为你们做了很多事。

(3)幼儿表演唱《好妈妈》。

(4)幼儿讲述自己是怎样爱妈妈的。

“妈妈为我们做了这么多事情,她们很辛苦,我们该怎样爱妈妈?”

(5)幼儿制作礼物送给妈妈。

①穿项链或手链;

②做卡片;

③制作彩色花;

④折纸。

(6)幼儿说“爱的甜甜话”。

教师录下幼儿说的话,并放给妈妈听。

(7)活动延伸

①利用“家长园地”介绍并引导家长让幼儿做些力所能及的事情表达对妈妈的爱。

②引导幼儿在日常生活中多关心爸爸、妈妈等长辈。

问题:根据幼儿园社会教育活动的设计要求,分析该设计是否合理。

分析视角

1. 提炼案例主题,表明自己观点

3—6岁幼儿在家庭和社会环境的影响下,已经能够做最简单的道德判断,喜欢与人交往,对父母有着极强的情感依恋。本案例是典型的社会教育活动设计,答题要点在于幼儿社会性发展不是简单的“看—学”,而是需要进行体验才能够内化(接受)。设计中,幼儿唱歌、讲述、手工等活动都围绕着目标进行服务。

2. 明确理论要点,构建答题思路

(1)幼儿的社会认知和社会性行为必须经过体验、内化才能真正形成。

幼儿社会性的发展是在社会环境的影响下。在与周围人的交往中逐步实现的,必须要经过体验、内化才能够真正形成。幼儿园社会教育活动的设计中,尤其要注意不能够长篇大论地讲解规则或道德。教育目标和内容必须通过具体的社会教育活动来实现,活动的形式多种多样,在实践中让幼儿体会并且做到内化,才算是社会化的接受。所以，这一领域的内容尤其注重与家庭、社会合作，重视渗透教育，结合幼儿的生活实际，把幼儿对现实的感知、体验放在首位；注意以情感人，重视情感教育；善于利用多种社会资源，重视榜样的作用；重视游戏的作用。

(2)母爱的实践性体验帮助幼儿社会性发展。

本案例在活动中对母爱进行了表达实践，通过观看亲子录像和问题引导，展示在生活中妈妈的行为和爱的表达，既锻炼了幼儿的语言表达能力，又可让幼儿直观地了解妈妈做的事，激发幼儿爱妈妈的情感；然后通过歌曲渲染情感、问题引导思考、动手制作等，多重锻炼幼儿语言表达能力和情感表达能力；最后活动延伸入家庭，做好家园合作，进一步巩固幼儿的成长与发展。

参考答案

家是幼儿最熟悉的地方、是幼儿最重要的生活环境，父母等家人是幼儿最亲密的人，而幼儿最依赖的是妈妈。妈妈每天为幼儿做许多事，但幼儿很少能说出妈妈每天为他们所做的事。本次教育活动通过组织幼儿观看亲子录像，让幼儿直观地了解在生活中并没有注意到的妈妈做的事和爱的表达，感受妈妈的爱。通过问题“你来想想自己的妈妈平时是怎样爱你的”引导幼儿讲述，一方面锻炼幼儿的语言表达能力，另一方面也激发幼儿爱妈妈的情感。教师进行归纳总结，利用演唱歌曲《好妈妈》进一步渲染幼儿情感，引导幼儿思考，并培养幼儿关心妈妈的行为和表达。

幼儿期的教育就是养成教育，该活动并没有直接灌输幼儿应该怎么做，而是让幼儿参加实践练习，获得情感感悟后，在做中学。这为幼儿表达爱提供了实践机会，并让幼儿获得了直接经验，增进了幼儿爱妈妈的情感，使幼儿初步掌握了关心妈妈的一些行为要求，有利于良好行为的养成。而且活动最后延伸入家庭，促进了家园合作，进一步巩固幼儿的成长与发展。

案例4　看我画得像不像

——幼儿园艺术教育活动设计

案例描述

在绘画活动中，小朋友们都在认认真真地画着。童童画了一幅建筑工地的场景，有施工的大楼，有高高的吊车，有搬着砖头的工人，有推着小车的工人，还有汪汪叫的小狗等，整个画面丰富多彩、生动有趣。画完后，童童骄傲地把作品拿给王老师看，王老师却说道：“推小车的人胳膊太短了，跟小车连不上；大楼比吊车还要高，怎么把建筑材料送上去呢……”

——改编自郭亦勤：《学前儿童艺术教育活动指导》，20页，上海，复旦大学出版社，2013。

问题：从幼儿园艺术教育活动的角度，对案例中教师的行为进行分析。

分析视角

1. 提炼案例主题，表明自己观点

艺术教育活动是幼儿园教育中极为重要的组成部分，目标是培养幼儿感受美、发现美和创造美的能力。《幼儿园教育指导纲要(试行)》明确指出：“幼儿的创作过程和作品是他们表达自己的认识和情感的重要方式，应支持幼儿富有个性和创造性的表达。”本案例描述了王老师以“合不合理”评价儿童画，要求幼儿绘画的事物要符合客观现实和客观规律，是错误的。

2. 明确理论要点，构建答题思路

(1)评价是幼儿园艺术教育活动设计的重点。

幼儿园的活动一般不能缺少了评价环节，教师的态度和评价对孩子会有很大的影响。最科学的评价方式是发展性评价，是一种以人为本、以幼儿的最终发展为目标的评价方式，能最大限度提高幼儿的能力自信和情感发育，直接影响着幼儿对活动的兴趣。教师必须重视对幼儿作品的评价，培养幼儿的绘画兴趣，提高幼儿绘画的表现力及审美能力。

(2)以“合不合理”评价幼儿的艺术创作不合适。

教师容易对幼儿的绘画作品进行“合不合理”的评价，常见标准就是画得像不像、颜色涂得均匀不均匀，这并非合适的做法。由于自身知识、经验不足，认识水平不高，幼儿描绘的事物往往与客观现实并不相符。欣赏和评价幼儿绘画需要建立在了解、理解幼儿特点的基础上，不能以成人画的标准评价幼儿画。

(3)正确评价幼儿的艺术创作。

《幼儿园教育指导纲要(试行)》指出：“幼儿艺术活动的能力是在大胆表现的过程中逐渐发展起来的，教师的作用应主要在于激发幼儿感受美、表现美的情趣，丰富他们的审美经验，使之体验自由表达和创造的快乐上。”对幼儿艺术教育活动，教师应该确立正确的评价观，建立多元的评价体系，尊重幼儿个别差异，拓宽评价的功能。

参考答案

艺术教育活动为幼儿提供了一个自我情感表达和与他人情感沟通的机会，幼儿在其中可以尽情地表达自己的思想观点和情感体验，并将这些思想观点和情感体验通过自己的创作传达给他人，从而感受到用艺术与人交往的快乐。幼儿由于年龄小，生活经验比较贫乏，认知能力不完善，在绘画中会体现出想象和夸张的表达。案例中王老师用“合不合理”来评价幼儿的绘画作品，对幼儿作品单纯地从物象上来评价，过于重视形态的表达，是错误的。

评价或赏析幼儿的艺术作品时，教师要了解幼儿的身心发展水平及特点，掌握幼儿艺术表达水平的发展情况，来判断其发展潜力，目标是培养和提高幼儿活动兴趣，促进幼儿的发展。同时评价活动由静态评价变为动态评价，了解幼儿作品中的情感表达、个性与风格，建立多元的评价体系，尊重幼儿个别差异，鼓励、帮助幼儿树立自信。教师还要关注幼儿的参与性，鼓励幼儿大胆表达自己的感受，注重活动的过程性，增强幼儿与评价活动的互动性。

任务三　幼儿园综合教育活动设计与指导

本任务主要围绕幼儿园综合教育活动(主题活动)展开，其中幼儿园综合教育活动相对于单一学科(五大领域)的优缺点辨析是案例分析测试中的常见考点。学习者首先要理解幼儿园综合教育活动的本质和区别，结合教师在综合教育活动设计过程中的注意事项，最后能够灵活运用有关知识点分析相关案例。

案例　多彩的秋天

——幼儿园综合主题教育活动的设计

案例描述

大三班的老师们准备在十月开展“多彩的秋天”主题活动，将这个任务交给了刚来工作的小卫老师。小卫老师不知道怎么办才好，赶紧找班主任张老师求助。张老师让小卫老师先自己琢磨着安排好计划和方案，然后再帮助她来修改。于是小卫老师查找了一些资料，又咨询了一些老师，把这次主题活动的方案制定如下。

多彩的秋天

(1)秋天的天气：温度变化(自然科学)，魔力云彩(自然科学)，秋风姐姐(儿歌，语言)。

(2)秋天的衣服：棉花(自然科学)。

(3)秋天的果实：果实分类(数学)，采摘果实(自然认知)，摘果子(音乐)，捡麦穗(运动、数学)，秋天的果实(散文诗，语言)，果蔬造型(手工)。

(4)秋天的大树：秋天的树叶(自然科学)，树叶贴画展(手工绘画)。

问题：如果你是张老师，请从主题活动的角度分析小卫老师的设计是否合适?

分析视角

1. 提炼案例主题，表明自己观点

由案例可以得知，题目询问的是分析小卫老师的主题(综合教育)活动设计，展示的方案《多彩的秋天》是典型的多学科综合主题设计，也是幼儿园教师最容易学习和掌握的一种类型。总体而言，本方案的主题活动大纲设计基本合格，但在细节方面不够完整和准确，需要进行改进。

2. 明确理论要点，构建答题思路

(1)幼儿园主题教育活动是一种综合研究性的系列活动，具有整体性、联系性和集中性的特点。

幼儿园主题教育活动是幼儿围绕着一个主题进行自主观察、探索周围现象和事物，教师适时适度地予以支持和引导的一种系列活动，在活动中贯穿语言、数学、空间、运动、音乐、人际等多种能力培养的目标。

(2)在幼儿园主题教育活动的设计上，需要注意教育内容、手段、形式和过程的综合。

设计幼儿园主题教育活动，要注意每一个主题具有纵向或横向网络，主题选择要贴近幼儿生活，最大限度地满足幼儿的兴趣和需要；强调教育手段、形式和方法的综合和配合，充分利用幼儿园和社区、家庭现有资源。同时，考虑到环境的影响，让幼儿知识、能力和情感、社会化等在环境、物品、人的相互作用中得到全方位发展。

(3)逐一分析案例中主题活动设计是否科学合理。

主题活动相对于传统的分科教学更具系统性，虽是以一个话题为中心进行延伸的活动，但这个话题始终贯穿于主题活动的始终。小的活动构成一个小主题，几个小主题就构成最后的大主题。制定好贴近幼儿生活的主题后，需要对活动中想要达到的目标和要求有所准备。案例中缺少总主题的活动目标，没有考虑到环境创设的内容，部分主题的表述不恰当，也没有充分利用园外的教育资源。

参考答案

幼儿园主题教育活动是幼儿围绕着一个主题进行自主观察、探索周围现象和事物，教师适时适度地予以支持和引导的一种系列活动。案例中小卫老师设计的主题活动内容很丰富，但也存在一些缺陷。

第一，制定主题要尽可能贴近幼儿生活，最大限度地满足幼儿的兴趣和需要。金秋十月中，将活动主题定“多彩的秋天”非常合适，但小卫老师没有考虑到主题活动需要达到的目标和要求。第二，以总话题为中心进行延伸的四个主题均与秋天紧密联系，始终贯穿于主题活动的始终，构成最后的大主题，比较合适。第三，幼儿的发展是在与环境相互作用的过程中进行的，小卫老师并没有考虑到环境创设的内容，而可能作为环境创设一部分的“秋天的大树”又被放在第四个主题。第四，“秋天的衣服”主题稍显薄弱；“秋天的果实”主题非常丰满，五大领域内容全部涵盖其中，充分锻炼了幼儿的综合素质和能力；“秋天的大树”主题可以改为“秋天的树叶”，从树叶引申认识树，学习关于植物的知识。第五，本次主题活动没有充分利用家长和社会的教育资源，家长的参与可以使主题活动的内容更加充实、材料更加丰富多样、幼儿的活动热情更加高涨。可以在开始或结束环节中邀请家长和幼儿一起寻找秋天的果实，在寻找过程中打开幼儿的眼界，或邀请家长走进幼儿园和幼儿一起动手做果蔬造型、树叶贴画等。小卫老师还需要对每个主题的活动设计活动目标与计划，才能完成这项工作。

任务四　幼儿园区角活动设计与指导

本任务主要围绕幼儿园区角活动设计(环境布置)的内容、活动过程的设计与引导、教师对区角活动主题的创新意识等内容展开，其中幼儿园区角活动的设计是案例分析测试中的常见考点。学习者首先要理解区角活动的意义和价值，进而掌握区角活动实施的要点，最后能够灵活运用有关知识点分析相关案例。

案例 1　我也想要小飞机

——幼儿园区角活动的指导

案例描述

小星星幼儿园的老师们为小朋友们细心准备了很多活动区角，有手工区、建构区、自然区、阅读区等。中班的李老师发现，有的区角经常人满为患，而有的区角却无人问津。这段时间小朋友们对搭积木非常感兴趣，只要一有空就扎堆在建构区，有时候为了争场地差点吵起来，可是隔壁的手工区却空空荡荡。于是，正计划着培养幼儿“对称”概念的李老师灵机一动，在手工区准备好五颜六色的彩纸，然后用彩纸折了一架亮晶晶的小飞机，轻轻地放在手工桌上。

旁边等着玩积木的程程看到了，赶忙跑过来说：“李老师，这架小飞机可以飞吗?”顿时吸引了其他小朋友的注意，“我想要一架，李老师。”“老师，也让我玩玩吧。”李老师把小飞机拿在手上，“很心疼”地说：“可是我只有一架，我也想玩，怎么办?”程程看到桌子上颜色鲜艳的纸张，“李老师，我不要你的，你教我自己做一架好不好?”“对呀。”孩子们顿时开心起来，“李老师，你教我们做吧，我们就都有啦。”“那好吧。”李老师笑眯眯地开始带着小朋友们折起亮晶晶的小飞机。

问题：请从幼儿园区角活动设计的角度，分析案例中李老师的教育行为。

分析视角

1. 提炼案例主题，表明自己观点

本案例重点在于如何充分利用幼儿园的区角来开展教育活动，李老师为大家提供了一个优秀的示范。幼儿园的活动区角设计不少，有些教育活动对幼儿的发展也非常必要。但由于部分教师对幼儿园区角的教育意义认识模糊，设计实用性较差，加上幼儿的兴趣难以激发等因素，导致区角的实际作用大打折扣，真正完全利用起来还需要教师们的灵活引导。

2. 明确理论要点，构建答题思路

(1)区角活动是幼儿园教育活动中非常重要的组成部分。

区角一般是教师合理利用和设计幼儿园活动室或者公共环境中的若干空间，并提供各种各样的材料，使每个空间角落都变成可供幼儿活动和游戏的场地。区角活动是幼儿园教育活动的重要组成部分，它贯穿于幼儿园一日生活的各个环节当中，能够满足不同幼儿发展的需要，是幼儿自我学习、自我探索、自我发现、自我完善的活动，可以促进幼儿综合素质的形成、发展和提高。幼儿园区角活动既需要根据幼儿不同年龄特点及不同发展需要，结合教育目标进行合理有效的开展，又需要教师有极强的爱心及责任心，掌握一定的知识和技能，并能够巧妙运用。这样才能把幼儿园区角活动生动有效地开展起来。

(2)保持幼儿园区角活动有效进行需要教师精心设计和灵活引导。

区角活动的顺利开展离不开教师的精心设计和灵活引导。需要创设一个宽松、自由的活动环境，让幼儿进行自由活动；设计好科学、合理、有趣的活动区，以吸引幼儿的兴趣；同时注意观察，能够及时发现幼儿的需要，引导幼儿主动参与区角活动。事实上，幼儿面对不熟悉或是缺乏新意的事物，往往很难产生兴趣和需要，这就需要教师去发掘其中的兴趣点，将一般变得不一般。案例中教师就采取了“曲线救国”的方式，主动出击吸引幼儿注意和兴趣，并引导幼儿逐步将兴趣转移到目标活动上。在幼儿园中，这是一种非常合适的教育引导方式。

参考答案

区角活动是幼儿园教育活动的重要组成部分，它贯穿于幼儿园一日生活的各个环节当中，能够满足不同幼儿发展的需要，是幼儿自我学习、自我探索、自我发现、自我完善的活动，可以促进幼儿综合素质的形成、发展和提高。幼儿园区角活动要根据幼儿不同年龄特点及不同发展需要，结合教育目标进行合理有效的开展。有些教育活动内容尽管对幼儿的发展是非常必要的，但幼儿可能并不感兴趣。就如同案例中，李老师在手工区投放了大量的彩纸，但幼儿对纸张不感兴趣，也就忽视了手工区，而在建构区扎堆，致使预定目标难以完成。最后，李老师只有主动出击，采用折纸飞机的方式吸引幼儿注意，使幼儿对纸飞机产生兴趣，为进一步的探索或创造性活动做好准备。当幼儿兴趣集中到纸飞机上并要求游戏时，李老师故意不给幼儿，引导幼儿自己用纸来制作飞机，然后逐步将对纸飞机的兴趣转移到折纸手工上，这种方法非常适宜。

在开设区角时，幼儿园教师需要考虑几点：一是区角设计要符合幼儿的年龄特征和身心发展水平，并能够在一定程度上促进幼儿发展；二是区角设计应该是幼儿感兴趣的，或者是能引导幼儿兴趣的；三是区角设计要能够配合到幼儿园的教育目标和课程设计中，使得利用最大化。

案例2　小鱼被谁害死了？

——幼儿园区角活动的利用

案例描述

幼儿园开学啦，大班的毛毛带了一条漂亮的小孔雀鱼，放到班内自然角的鱼缸里，大家轮流照顾它，在老师的指导下给它喂食、换水。龙龙是个聪明活泼的男孩子，虽然有时调皮，但做事情很认真细致，他也和其他小朋友一样非常喜欢这条小鱼，每天都去观察。

这天午睡后，小朋友们跑来找张老师，说小鱼死了。大家都很难过，这时晶晶说：“老师你看鱼缸里的水怎么这么脏呀！谁弄的呀？”这时，乐乐小声说：“老师，是龙龙，我看见他早上把脏抹布放进鱼缸里了。”“什么？”大家吃了一惊，真的是龙龙吗？他为什么要这样做呢？张老师决定要把事情调查清楚，于是她找到龙龙。龙龙好像知道自己犯了很大的错误，低着头一句话也不说。张老师说："龙龙，你这样做肯定是有原因的，对不对？和老师说一说好吗？"过了好半天，龙龙才小声说："我看到鱼缸里面有脏东西……"原来他想用抹布去擦鱼缸。知道了原因的张老师没有批评龙龙，而是和他一起寻求解决的办法。

围绕着"怎样能够养好小鱼"，张老师在班级里开展了主题活动"可爱的小鱼"。在家长们的帮助下，小朋友们带来了许多小鱼的资料、图片、光盘，充实了自然角。小朋友们主动了解小鱼生活的环境、条件等饲养方法，兴致越来越高。后来，看到书中介绍养小鱼需要合适的水温、干净的水质、经常换水等条件时，龙龙悄悄地对张老师说："张老师，以后我再也不把小鱼的家弄脏了！"

问题：请分析在案例中，张老师是如何利用区角活动开展教育的？

——改编自《教育案例：小鱼为什么死了》。

分析视角

1. 提炼案例主题，表明自己观点

本案例通过幼儿园班级自然角中发生的一件事情，展示了张老师充分利用区角对幼儿进行的多方面教育。区角活动是幼儿园教育活动的重要组成部分，它贯穿于幼儿园一日生活的各个环节当中，能够满足不同幼儿发展的需要。答题要点在于抓住案例中张老师实施教育的每一个细节，结合幼儿教育的本质进行分析说明。

2. 明确理论要点，构建答题思路

(1)区角活动是幼儿园教育活动的重要组成部分，它贯穿于幼儿园一日生活。

教师合理利用和设计幼儿园活动室或者公共环境中的若干空间，并提供各种各样的材料，构建的幼儿活动和游戏的场地即为区角。区角活动是幼儿园教育活动的重要组成部分，它贯穿于幼儿园一日生活的各个环节当中。相对于教学活动，区角活动拥有相对宽松的活动气氛、灵活多样的活动形式，能够满足不同幼儿发展的需要，促进幼儿综合素质的形成、发展和提高。

(2)区角活动的有效开展需要教师注意设计和引导。

区角活动的开展需要教师充分掌握好教育的艺术，首先需要创设出科学、合理、有趣的活动区以吸引幼儿，并给予宽松、自由的活动环境，放手让幼儿大胆地去参加区角活动。利用好区角活动对幼儿园教育活动的补充作用，逐步把集体活动的内容融入到区角活动中，让幼儿和伙伴一同探索、一同学习。在案例中，自然角帮助幼儿获得自然知识和观察能力的增长，培养了他们的亲社会行为；

“意外”发生时教师表现出正确的幼儿教育观念，鼓励和支持幼儿在活动中总结问题并寻求解决的方法；最后的家园合作既满足幼儿需求，也将幼儿的交际范围逐步扩大到社会。这是非常优秀的区角活动的示范。

参考答案

区角是幼儿自主探索各类知识和技能的主要场所，也是教师实施各类教育活动的重要途径。自然角的设计能够满足幼儿对多种多样的自然现象和科学现象的探究兴趣，结构灵活、幼儿自主性强，体现了尊重幼儿个性和多样化选择的特点。案例中的张老师充分利用班级中的自然角，让幼儿自发探索，体验探究的过程，并自主构建学习经验。大班幼儿喜欢喂养小动物，有一定的自主探索能力，善于发现和观察，好奇心强。张老师根据幼儿的年龄特征，利用幼儿对小鱼的好奇心，开展了一系列的科学教育活动，让班级的自然角成为了幼儿了解大自然、亲近大自然的一个窗口。

案例中小鱼死亡事件体现了教师的指导策略，在幼儿园教育活动中，教师应该关怀、尊重并接纳幼儿的探索行为，细心观察幼儿的探究行为并进行有效指导和帮助，为全体幼儿创设一个宽容、理解、温暖的环境，建立起平等的师生关系。张老师认为龙龙的行为是“好心办坏事”，是缺少生活经验和知识认知所致，但龙龙勤劳善良，出发点是好的，不能轻易地批评或打击。并且张老师尊重龙龙的情感，保护他的探索欲望，接纳他的不足之处，正面引导他认识到自己的错误，并帮助他纠正自己的行为所带来的后果，为他赢得其他幼儿的谅解，重新建立起他的自尊自信。同时采取家园合作的方式，充分利用幼儿兴趣，满足幼儿需求，开展了“可爱的小鱼”主题活动，告诉幼儿如何正确地对待小鱼，让幼儿了解了更多有关水生动物的知识，同时增强了他们继续探索生物的知识和奥秘的兴趣。

真题展练

1. 为了解中班的幼儿分类能力的发展，教师选择了“狗、人、船、鸟”四张图片，要求幼儿从中挑出一张不同的。很多幼儿拿出了“船”，他们的理由分别是：狗、人、鸟常常是在一起出现的，而船不是；狗、人、鸟都有头、脚、身体，而船没有；狗、人、鸟是会长大的，而船是不会长大的。

问题：

(1)请结合上述材料，分析中班幼儿分类能力的发展特点。

(2)鉴于上述材料中幼儿的发展特点，教师如何实施教育？

参考答案

(1)分类能力是逻辑思维发展的一个重要标志，幼儿 4 岁之前基本不能分类。中班幼儿分类能力受其具体形象思维的特点约束，从主要按照颜色、形状、大小分类逐渐发展成按照事物属性及事物自身隐蔽的内部特点来进行分类。从材料中可以看出：①幼儿依据日常生活情境进行分类，狗、人、鸟是幼儿真实生活的反映，与日常生活息息相关；②幼儿依据感知特点如颜色、形状、大小或其他特点分类，将狗、人、鸟分成一类是因为他们最突出的特点是都有头、脚、身体；③幼儿依据事物最简单的本质属性进行分类，狗、人、鸟会长大，因为他们有生命，而船是没有生命的。

(2)幼儿分类能力的培养应该在不同的环境中进行，依据幼儿身心发展的阶段性和连续性的特点，由易到难、由浅入深地进行有意识地培养。应按以下方式实施教育。

①在日常生活中丰富幼儿的生活经验，随时随地培养幼儿的分类能力。如可以让幼儿学习垃圾分类，将可回收的塑料瓶、纸制品以及不可回收的果皮进行分类，同时也进行了环境教育和良好的生活习惯的养成。

②在教学活动过程中，教师多提供可操作的教具、玩具，让幼儿动手感知事物的属性、颜色、大小、形状及其他特点，潜移默化地渗透关于分类的相关经验，以间接指导为主，加强幼儿分类能力的发展。

③以幼儿的兴趣为出发点，有意识地为幼儿提供不同的操作材料和方法，在游戏活动中培养幼儿的分类能力。

④通过提问等方法引导幼儿用语言描述事物的异同。在幼儿探究物体时，教师要给予语言支持。

2. 看图回答问题。

图 1 打针　　图 2 聚餐　　图 3 吃饭

问题：

(1)上述三幅画各反映出幼儿绘画的哪种表现形式？

(2)怎样理解幼儿绘画？

(3)评价幼儿绘画时应注意什么问题？

参考答案

图 1 反映了“夸张法”的表现形式，幼儿在绘画中会不自觉地把自己关心的事物、认为重要的事物画得很仔细、很突出，引起其注意的“针”和“血”被画得非常突出；图 2 反映了“展开式”的表现手法，幼儿将从不同的角度观察到的事物在同一幅画中表现出来；图 3 反映了“透明画”的表现手法，幼儿不考虑遮挡关系，犹如视线能穿透任何东西，比如能看到米饭吃进肚子的样子。

幼儿的绘画能力发展，可以分为涂鸦期(1.5—3.5 岁)、象征期(3.5—5 岁)及图式期(5—7 岁)。处于不同时期的幼儿绘画，有独特的表现形式。每个幼儿心里都有一颗美丽的种子，幼儿艺术领域学习的关键在于充分创造条件和机会，在大自然和社会文化生活中萌发幼儿对美的感受和体验，丰富想象力和创造力，引导幼儿学会用心灵和感受发现美，用自己的方式去表现和创造美。幼儿对事物的感受和理解不同于成人，他们表达自己的认识和情感的方式也有别于成人，幼儿独特的笔触、动作和语言往往蕴含着丰富的想象和情感。

教师评价幼儿绘画作品时，应对幼儿的艺术表现给予充分的理解和尊重，不能用自己的审美标准去评判，更不能为追求结果的“完美”而对幼儿进行千篇一律的训练，以免扼杀其想象力与创造力的萌芽。教师应该了解并倾听幼儿对于艺术表现的想法或感受，领会并尊重幼儿的创作意图，不可简单地用“像不像”“好不好”等标准来评价，要肯定幼儿作品的优点，用表达自己的感受来引导其提高。

3. 主题活动中，中班幼儿对画汽车产生了兴趣。为了提升幼儿的绘画能力，郭老师提供了面包车的绘画步骤图，鼓励每个幼儿根据绘画步骤图画出汽车。

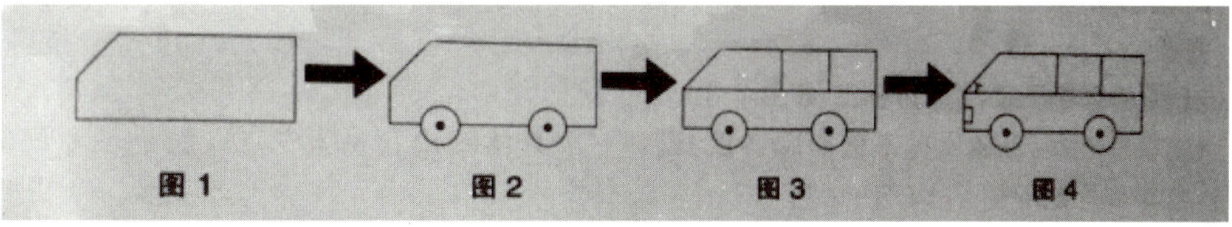

问题：

(1)郭老师是否应该提供绘画步骤图？为什么？

(2)如果你是郭老师，你会怎么做？

参考答案

(1)我认为郭老师不应提供绘画步骤图。理由如下。

①《幼儿园教育指导纲要(试行)》指出，“艺术是实施美育的主要途径”，“幼儿的创作过程和作品是他们表达自己的认识和情感的重要方式，应支持幼儿富有个性和创造性的表达，克服过分强调技能技巧和标准化要求的偏向”。所以，在幼儿的艺术创作中，郭老师应该为幼儿创设一个丰富的艺术环境，引发幼儿自主地进行积极的探索，从而提高绘画创作水平，而不是直接提供绘画步骤图。

②在幼儿的艺术创作中，教师的作用应主要在于激发幼儿感受美、表现美的情趣，丰富他们的审美经验，使之体验自由表达和创造的快乐。所以，郭老师应该在幼儿创作时进行相应的指导，而不是直接提供绘画步骤图。

③在幼儿想象力的发展中，再造想象占据主导地位，创造性想象开始发展。郭老师直接给出面包车的绘画步骤，让幼儿以此为标准去绘画，实际上束缚了幼儿再造想象的发展，同时也扼杀了创造性想象的萌发。

(2)如果我是郭老师，为了提高幼儿的绘画能力，我会有以下做法。

首先，我会引导幼儿在周围环境和生活中通过多种途径了解汽车，丰富他们的感性经验和审美情绪，整体提高幼儿对汽车的认知水平。

其次，我会给幼儿提供自由表现的机会，鼓励他们用不同艺术形式大胆地表达自己的理解和想象，尊重每个幼儿的想法和创造，肯定和接纳他们独特的审美感受和表现方式。

最后，我会不断地提供各类艺术活动，引导幼儿在大胆表现的同时提高绘画表现的技巧和能力。